AF242844

RECUEIL

DE

MÉDAILLES

DE *PEUPLES* ET DE *VILLES*,

QUI N'ONT POINT ENCORE ÉTÉ PUBLIÉES,

OU QUI SONT PEU CONNUES,

Avec des observations et des corrections.

TOME PREMIER;

Contenant les Médailles d'EUROPE.

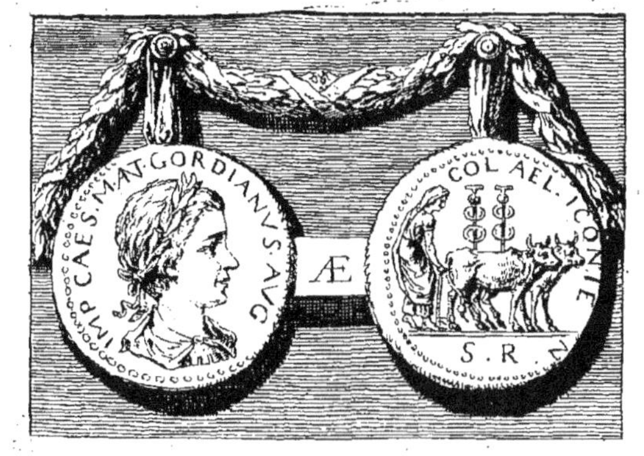

A PARIS,

Chez H. L. GUERIN & L. F. DELATOUR, rue
Saint Jacques, à Saint Thomas d'Aquin.

M. DCC. LXIII.

Avec Approbation & Privilege du Roi.

EXPLICATION

DES MÉDAILLES

Employées dans les Fleurons , Vignettes &
Culs-de-Lampe de ce premier Volume.

PENDANT l'impreſſion de ce Receuil , ceux qui
s'en étoient chargés ayant démandé à l'Auteur quelques médailles non publiées , ou rares , pour en or-
ner les Fleurons des Titres , les Vignettes & les
Culs-de-Lampe ; au défaut d'autres médailles de villes qui auroient mieux convenu pour ces ſortes
d'ornements , il leur a laiſſé choiſir dans ſes ſuites
d'Impériales celles qu'ils y ont employées , & qui

a ij

font de cinq claffes différentes ; favoir :

1°, Des Colonies dont Vaillant n'avoit point connu de médailles.

2°, Des Titres pris par des villes , lefquels ne fe trouvent point parmi ceux dont cet Antiquaire a fait mention.

3°, Des Prénoms donnés fur des médailles à des Empereurs & à des Impératrices, qu'on ne trouve point leur avoir été donnés par aucun Auteur , ni fur aucuns monuments.

4°, Des Fleuves dont on n'avoit point encore vu les noms fur des médailles.

5°, Des Fêtes ou Jeux dont les noms ne fe trouvent point non plus fur les médailles qui ont été publiées jufqu'à préfent.

Les Editeurs ayant auffi demandé à l'Auteur des explications pour ces médailles , il leur a fourni les remarques fuivantes.

FLEURON du premier Titre général.

ICONIUM. VAILLANT, ni aucun des Antiquaires qui l'ont précédé, n'avoient vu de médailles de la colonie d'*Iconium*. Le P. Frœlich eft le premier qui en ait découvert une de Gallien en moyen bronze, qu’il a publiée dans son Traité intitulé : *Quatuor Tentamina in re nummaria vetere.* Il est parlé dans ce Recueil de la ville d’*Iconium* à l’occasion d’une médaille grecque autonome qui y a été frappée, & l’on peut voir au surplus ce que dit le P. Frœlich au sujet de cette Colonie qui étoit inconnue, aucun Auteur ancien n’en ayant fait mention.

Le titre d’*Ælia* qu’elle prend sur la médaille qui est ici rapportée, ne se trouve point sur celle du P. Frœlich. Ce titre fait juger qu’elle a été établie sous le regne d’Hadrien.

Outre cette médaille de *Gordien* en grand bronze, il y en a une autre du même Empereur en moyen bronze, dans la collection de l’Auteur, laquelle a pour légende ICONIENSI. COLO. & pour type la figure de la Fortune assise avec ses attributs ordinaires, & avec les lettres S. R. à l’exergue.

VIGNETTE des Explications des ornements de ce Volume.

VAILLANT a publié une médaille semblable à *ACHULLA.* celle qui est ici rapportée, qu’il a mise au nombre

des incertaines, parce que n'étant pas bien confervée, il y manquoit le nom d'*Achulla* qui fe trouve fur celle-ci. Morel & Havercamp l'ont auffi
publiée comme incertaine ; mais depuis, le Pere
Panel en a rapporté une du cabinet de M. le Bret
avec la légende entiere. On ne trouve point qu'aucun Auteur ait fait mention que la ville d'*Achulla*
eût été faite Colonie. Hirtius & Strabon difent
au contraire que c'étoit une ville libre. Il eft douteux que la tête qui eft repréfentée feule fur un côté
de cette médaille, foit celle d'Agrippa, comme
Vaillant l'a penfé. Du moins ne reffemble-t-elle
point à fa tête repréfentée fur les médailles Romaines que l'on a de lui, ni à celle qu'on voit fur
la médaille fuivante qui a été frappée en Afrique ,
comme la précédente, & qui n'a point été publiée
jufqu'à préfent.

CUL-DE-LAMPE de la fin des Explications
des ornements de ce Volume.

LES quatres lettres c. c. i. p. qui font fur cette médaille féparées par des points , marquent
fans doute chacune un mot ; & tous les Antiquaires
conviennent

conviennent que le premier G en pareilles légendes doit fignifier *Colonia*. Mais la fignification des trois autres lettres qui fe trouvent dans le champ de plufieurs médaillons & médailles de Tibere, a été débattue par le P. Hardouin, Liébe, Vaillant, Beger , Havercamp & le P. Mazzoleni, lefquels ont interpreté ces lettres différemment. Dans ces médailles qui ont toutes pour type au revers la figure de Mercure affis fur un rocher , la légende eft auffi un peu différente. Le P. Hardouin rapportant celle qui eft dans le cabinet de Brandebourg, dit qu'il y a C. P. CAS. D. D. PERMIS. P. CORNELI. DOLABELLAE. PROCOS, qu'il a rendue par *Coloniæ Patrenfis Cives Auguftum Salutant Decreto Decurionum* PERMIS*fu Publii* CORNELII DOLABELLAE. PRO*confulis.* Dans le champ il n'a vu que les lettres C. P. qui , felon lui , fignifient encore *Coloniæ Patrenfis.* Liébe a fuivi le fentiment du P. Hardouin pour l'interprétation des lettres C. P. Vaillant & Beger ont jugé de leur côté que ces fortes de médailles font de *Carthage* en Afrique ; & Havercamp , d'après eux, en a rapporté une autre avec la légende C. L. GAVIO. CAS. PERMIS. P. DOLABELLAE. PROCOS.

& avec les lettres $_I^C$. P. dans le champ. Il a rendu la légende par *PERMISſu Publii DOLABELLAE PROCONSulis Caio Lucio GAVIO Carthaginis Anti-quæ Suffete*, & les lettres c. i. p. par *Coloniæ Iuliæ Patrono*. Le Pere Mazzoleni rapportant un médaillon du cabinet de Piſani, dont la légende eſt toute pareille à la précédente, l'a rendue de deux façons; ſavoir, *Caio & Lucio GAVIO CASſio PERMISſu Publii DOLABELLAE PROCONsulis Carthago Pia Iulia*, ou *Lucio GAVIO CASſio PERMISſu Publii DOLABELLAE PROCONsulis Colonia Carthago Pia Iulia*. Il y a dans le cabinet de l'Auteur un autre médaillon ſemblable bien conſervé, mais avec la légende c. p. g. cas. d. d. permis. p. dolabellae procos, & les lettres $_I^C$. P. dans le champ. Ce médaillon contient de plus que celui qui eſt rapporté par le P. Hardouin, la lettre g. troiſieme de la légende, & fait voir, contre l'explication de ce ſavant Antiquaire, que cette lettre eſt l'initiale du nom de *Gavius* écrit en entier dans le médaillon du cabinet de Piſani. Il fait voir auſſi que la lettre i qui eſt dans le champ, manque dans le médaillon du cabinet de Brandebourg. On y voit

encore que la feconde lettre de la légende eft un
P, & non pas une L, comme dans le médaillon
interprété par le P. Mazzoleni.

On ne fait au furplus ces obfervations que
pour ceux qui voudront entreprendre de donner
une explication plus fûre de ces fortes de médailles. Celle qu'on rapporte ici dans le cul-de-lampe,
pourra leur fervir au moins à ne pas tranfpofer,
comme a fait le P. Mazzoleni, la lettre I qui eft
dans le champ, laquelle eft la pénultieme de toute
la légende, & non pas la derniere, ainfi qu'on le
voit par les quatre lettres C. C. I. P. écrites de fuite
fur cette médaille. On ne difconvient point qu'elle
ne puiffe être de la ville de *Carthage*, ainfi que celles de Tibere, dont on vient de parler. On obferve cependant qu'en général les légendes des
médailles de colonies, foit qu'elles foient écrites
en toutes lettres, foit par abbréviation, font ordinairement terminées par le nom de la ville où chacune a été frappée, & qu'il y a peu de colonies
qui aient marqué fur leurs monnoies, après leurs
noms, les titres qu'elles prenoient. Il fera parlé dans
la fuite de différentes médailles fur lefquelles Vail-

lant & d'autres Antiquaires ont cru voir des titres de colonies après leurs noms, lefquelles font reconnues pour appartenir à d'autres colonies, dont les noms terminent les légendes. La même chofe pourroit bien arriver à l'égard des médailles en queftion, qu'on attribue à Carthage, fi l'on trouvoit qu'il y eût eu en Afrique près le Cap Bon, appellé en latin *Promontorium Mercurii*, une colonie dont le nom commençât par un P, à laquelle ces médailles puffent convenir. Ce qu'il y a de certain feulement, c'eft qu'elles ont été frappées en Afrique, où elles ont été trouvées, ainfi que la fuivante.

VIGNETTE de l'Avant-Propos, page xxiij.

CYRENAICA. COMME cette médaille eft venue d'Afrique, & qu'elle contient le nom d'un Proconful, on avoit d'abord penfé qu'elle devoit être de la même contrée, d'où font les précédentes, cette contrée faifant partie de l'Afrique proprement dite, qui fut pendant un temps gouvernée par des Proconfuls Romains; mais en examinant fa fabrique qui eft différente, & en la comparant avec d'autres médailles qui contiennent le même nom de *CATO*, & celui de

Pupius, il a paru que les unes & les autres ont été frappées dans la Cyrénaïque. Pour mettre le Lecteur en état d'en juger, on a cru devoir donner ici la defcription de ces médailles de comparaifon.

S. CĀO. au milieu d'une couronne de laurier.

℞. Sans légende. Un mouton Libyen, & au-   1. deffus une étoile. *Médaille de petit bronze.*

S. CATO. PR. Une chaife curule.

℞. CAESAR. AUG. TR. POT. La tête nue d'Augufte.   2. *Médaille de moyen bronze.*

ΠΟΥΠΙΟϹ. Mouton Libyen.

℞. ΡΟΥΦΟϹ ΤΑΜΙΑϹ. Table à quatre pieds avec   3. une hafte Prétorienne en travers. *Médaille de petit bronze.*

ΑΥΛΟϹ ΠΟΥΠΙΟϹ L. Tête de Jupiter Ammon.

℞. ΤΑΜΙΑϹ. ΑΝΤΙϹΤΡΑ. L. A. Chaife curule   4. avec une hache & un faifceau de chaque côté. *Médaille de grand moyen bronze.*

ΠΟΥΠΙΟϹ. ΑΝΤΙϹΤΡΑ. L. A. Chaife curule, comme la précédente.

℞. ΚΑΙ. ΤΑΜΙΑϹ. L. Tête de Jupiter Ammon,   5. *idem.*

Il eft évident que ces médailles font du même

pays. La chaife curule eft repréfentée d'une forme particuliere, & femblable fur les unes & fur les autres. Le mouton Libyen y eft figuré avec une longue queue, & tel que font ceux dont la Cyrénaïque abonde encore aujourd'hui.

Il y a auffi une efpece de conformité entre ces médailles par rapport aux différents titres qu'y prennent les deux magiftrats qui y font nommés. *Sextus Cato*, dont on ne trouve point qu'il foit fait mention dans aucun Auteur, ne prend aucun titre dans la médaille du n°. 1. Il prend celui de Préteur dans celle du n°. 2, & celui de Proconful dans celle de la Vignette. *Aulus Pupius* eft feulement Quefteur fur la médaille du n°. 3, & Propréteur en même temps que Quefteur fur celles des n°ˢ. 4 & 5.

La différence qu'il y a dans les légendes dont les unes font latines, & les autres grecques, ne doit point caufer de difficulté. La ville de *Leptis* en a fait frapper dans les deux langues ; on en a auffi un affez grand nombre de *Lucius Lollius*, lefquelles ont été pareillement frappées dans la Cyrénaïque. Prefque tous les Antiquaires en conviennent ; mais elles ont occafionné d'ailleurs beaucoup de conteſtations entre Vaillant , Morel & Perizonius , qui les ont interprétées différemment. Il en a été à peu-près de même de celles d'*Aulus Pupius* , dont pluſieurs ont été rapportées par Vaillant, Haym & Havercamp , mais pas une bien conſervée ; de forte qu'ils en ont lu & expliqué les légendes d'une étrange façon. Vaillant, entre autres , fur une médaille pareille à celle du n°. 5 , a lu ΚΤΙCΤΗC ΤΑΜΙΑC. au lieu de ΚΑΙ. ΤΑΜΙΑC, & ΠΟΥΠΙΟC ΝΙΚΑΙΕΩΝ, au lieu de ΠΟΥΠΙΟC ΑΝΤΙCΤΡΑ ; & conſéquemment il l'a attribuée à la ville de *Nicée*.

Aucun de ceux qui ont référé ces médailles à la Cyrénaïque, n'a parlé ni de la forme du gouvernement qui y fut établi après que Ptolémée - Apion l'eût laiſſée au peuple Romain par fon teſtament, ni de la qualité & des fonctions des magiſtrats qui furent envoyés de Rome dans cette province. Il eſt extraordinaire que le même *Sextus Cato* dont la médaille du n°. 1 , contient le nom, fans titre, foit nommé Préteur fur la feconde , & Proconful fur celle de la Vignette. Il n'étoit pas d'ufage d'envoyer des Proconfuls dans les provinces qui n'étoient pas proconfulaires ; & l'on ignore s'il y a quelque autre exemple qu'un Quefteur ait été Propréteur en même temps, comme il paroît que l'a été *Aulus Pupius*. Il feroit à defirer que quelque Savant prît la peine de donner des éclairciffements fur cela, ainfi que fur la maniere dont la Cyrénaïque fut gouvernée du temps de la République & fous les Empereurs Romains.

CUL-DE-LAMPE de l'Avant-Propos, page xxviij.

PHILIPPI.   LA MÉDAILLE de la colonie de *Philippi* en Macédoine, qui eft ici rapportée, n'a point été connue des Antiquaires. Patin, Vaillant, Spanheim, le P. Hardouin & autres qui en ont publié de Claude, de Vefpafien & des Empereurs fuivants, lefquels ont au revers le même type & la légende COL. AUG. IUL. PHILIPP. avec DIVVS. AUG. fur la bafe, ne fe font point accordés fur ce que repréfente la figure qui eft derriere celle d'Augufte. Patin a jugé que c'eft la figure de Jules-Céfar. Spanheim qui avoit cru d'abord que c'étoit une femme, qui de la main droite pofoit une couronne fur la tête d'Augufte, s'eft

rangé

rangé enfuite de l'avis de Patin. Le P. Hardouin &
plufieurs autres ont fuivi le fentiment de Vaillant,
qui a foutenu que toutes les médailles qu'il avoit vues
avec ce type, repréfentent une femme qui couronne
l'Empereur. Il eft indubitable que fur celle-ci cette
figure eft celle de Jules-Céfar défigné par fon nom
DIVO IULIO, infcrit derriere lui, comme Augufte eft
pareillement défigné par fon nom AUG. DIVI. F. infcrit au-devant. On pourroit penfer que cette médaille
ne doit pas faire loi pour les autres qui ont fur la
bafe DIVUS AUG. mais fur celles de cette forte,
qui font dans la collection de l'Auteur où celle-ci
fe trouve, c'eft auffi la figure de Jules-Céfar déifié,
qu'on y voit tenant la main droite élevée & étendue
avec le corps nud jufqu'à la ceinture, de même que
Jupiter & les autres divinités font le plus ordinairement repréfentés fur les médailles & autres anciens
monuments.

FLEURON du Titre à la tête des Médailles d'Europe.

LA COLONIE de *Tyana* n'étoit point connue de
Vaillant par les médailles, ni par les anciens Ecri-

TYANA.

vains qui, parlant de cette ville, ne difent point qu'elle fut colonie. On peut juger qu'elle fut établie fous le regne de Caracalla par le titre d'*Antoniniana* qu'elle a prife dans la médaille qui eft ici rapportée, laquelle fut frappée vraifemblablement à l'occafion des jeux qu'elle fit célébrer en l'honneur de cet Empereur, jeux qui de fon nom étoient appellés ΑΝΤΩΝΙΝΙΑΝΑ, comme on le voit par la légende infcrite fur le bouclier que tient le génie de la ville repréfenté fur cette médaille. Vaillant qui en a publié deux fur lefquelles il eft fait mention de ces jeux célébrés à *Byzance* & à *Nicomédie* fous les regnes d'Elagabale, & de Sévere Alexandre, a prétendu qu'ils avoient été inftitués en l'honneur d'Elagalabe. Mais outre que c'eft abfolument la tête de Caracalla qui eft repréfentée fur celle-ci, la date de l'année feizieme qu'on y voit à l'exergue, ne peut convenir à Elagabale qui n'a régné que quatre ans, & pour Caracalla même ces feize années doivent être comptées du temps qu'il fut déclaré Augufte, & affocié à l'empire, ou du commencement du regne de Septime-Sévere fon pere. On trouve de même fur des médailles de Marc-Aurele,

des dates du regne d'Antonin-Pie ; & fur des médailles de Commode des dates du regne de Marc-
Aurele fon pere.

Le type qui repréfente le génie de la ville de
Tyana, fous la figure d'une femme portant une tour
fur la tête, & affife fur de hautes roches, fait connoître que c'etoit une place forte, & défigne en même
temps la pofition de cette ville fituée fur la partie du
mont Taurus qui s'étendoit dans la Cappadoce. C'é-
toit en effet une ville confidérable, & la capitale
d'une Préfecture qui de fon nom, étoit appellée la
Préfecture Tyanitique.

*VIGNETTE de la premiere page des Médailles
d'Europe.*

LA COLONIE de *Parlaïs* entre dans le nombre des   *PARLAÏS.*
fujets qui ont donné matiere aux fameufes contefta-
tions qui fe font élevées entre Vaillant & le Pere
Hardouin. Celui-ci ayant publié une médaille de
Marc-Aurele qui avoit pour légende COL. PARLAIS,
& pour type une femme couronnée de tours tenant
d'une main un figne militaire, & de l'autre main une
corne d'abondance ; Vaillant qui, de fon côté, a publié

une autre médaille du même Empereur, dont le type eſt tout pareil avec la légende COL. IUL. AUG. PARIA, a prétendu que c'étoit la même médaille que le P. Hardouin avoit rapportée avec la légende COL. PARLAIS; ajoutant, en forme de dériſion, que c'étoit en vain qu'il s'étoit donné la peine de chercher la colonie de *Parlais* en Lycaonie. Comme la médaille en queſtion n'avoit été publiée par le P. Hardouin que ſur le rapport qui lui en avoit été fait, ne l'ayant pas vue, il la ſupprima enſuite dans la ſeconde édition de ſes ouvrages, de ſorte que juſques-là il n'étoit point reconnu qu'il y eût eu de médailles de la colonie de *Parlais* : mais depuis, Haym en a publié une dans le *Teſoro Britannico*; &, ſuivant le P. Panel, il y en avoit une autre dans le cabinet de M. le Bret. Celle qui eſt ici rapportée differe des deux autres par ſon type, & ne laiſſe aucun doute ſur ſon antiquité.

Dans la collection de l'Auteur où cette médaille ſe trouve, il y en a une autre de la ville de *Parlais*, avec une légende grecque, dont on a cru devoir donner ici la deſcription à cauſe de ſa ſingularité. Sur un côté l'on voit une tête d'homme couronnée de laurier, & repréſentée juſqu'à la poitrine qui eſt couverte d'une cuiraſſe. On lit autour ΓΑ... ΗΝΟC. ΙΑ. De l'autre côté, le type eſt une eſpece de table ou d'autel quarré ſur lequel eſt poſée une grande urne ronde, telle à peu-près qu'il s'en trouve ſur beaucoup de médailles frappées à l'occaſion des fêtes & des jeux publics. Il y a au-deſſous quelque choſe que l'on ne peut bien diſtinguer, & qui reſſemble aſſez aux corbeilles myſtérieuſes, appellées *Ciſtæ*.

La légende inſcrite autour eſt ΠΑΔΛΑΙ Ϛ ωΝ. Il paroît que cette médaille qui eſt de moyen bronze, ne peut être attribuée qu'à Gallien, & qu'elle a été frappée à l'occaſion des jeux célébrés en ſon honneur. Elle eſt d'une fabrique très-groſſiere, qui ſe reſſent du lieu & du temps de ſa fabrication, temps où la langue latine n'étoit apparemment plus d'uſage à *Parlais*. Les lettres Ι Α. qui accompagnent le nom de l'Empereur du côté de ſa tête, ſont de l'eſpece de celles que l'on voit ſur pluſieurs médailles de Valérien, de Gallien & de Claude le Gothique, frappées dans différentes villes de Pamphylie, de Piſidie & de Cilicie, contrées voiſines de la Lycaonie. La vraie ſignification de ces lettres n'a pas encore été trouvée, ainſi qu'il eſt obſervé au ſujet d'une médaille autonome de la ville de Tabes com- priſe dans ce Recueil.

On y en a auſſi rapporté quelques-unes de la ville d'Hadrumet, colonie dont Vaillant n'avoit connu aucune médaille.

D'autre part il a attribué à des colonies des mé- dailles qui ne leur appartiennent point ; ſavoir, plu- ſieurs à la colonie de *Carthage* en Afrique, qui ſont de la colonie d'*Apamée* en Bithynie ; une à la colo- nie d'*Œa* en Afrique, qui eſt de la colonie d'*Ælia Capitolina* ; d'autres au municipe de *Coillu* en Nu- midie, qui ſont de *Cœla*, port de mer dans la Cher- ſonnèſe de Thrace ; & pluſieurs autres encore à la colonie d'*Hippone* en Afrique, qui ſont de la co- lonie de *Parium* ſur la Propontide. M. l'Abbé Belley a démontré ces mépriſes de Vaillant dans une diſſer- tation qui eſt rapportée dans le xxve volume des Mémoires de l'Académie des Inſcriptions & Belles- Lettres. Aux médailles qu'il y a jointes pour preuves, il a paru qu'il ne ſeroit pas hors de propos d'y ajou- ter la ſuivante.

CUL-DE-LAMPE *de la fin des Médailles d'Europe, page* 207.

ON NE rapporte ici cette médaille qu'à caufe de *sa* fingularité, toutes celles de *Cornelia Supera* étant fort rares, & celles de bronze encore plus que celles d'argent. Les lettres C. G. H. I. P. qui font à l'exergue du revers, doivent être rendues par *Colonia Gemella Hadriana Julia Pariana*; au lieu que Vaillant les a rendues par *Colonia Gemella Hipponenfis Iulia Pia*. Il a cru auffi que le C, premiere lettre de la légende autour de la tête de Supera, fur les médailles d'argent qu'il avoit vues, étoit un G, & qu'ainfi elle s'appelloit *Gnea Cornelia Supera*; en quoi il a été fuivi par le P. Baldini, par Banduri & autres Antiquaires. Ce qui femble l'avoir confirmé dans ce fentiment, c'eft qu'il a lu fur la médaille grecques de *Supera* qui eft dans le cabinet du duc de Dévonshire, ΓΝ. ΚΟΡ. ϹΟΥΠΕΡΗΝ. ϹΕ (*). Cette médaille qui étoit regardée comme unique, n'eft apparemment pas d'une entiere confervation. Il y en a dans le cabinet de l'Auteur une pareille parfaitement con-

ΡΑΡΙΨΜ.

(*) Haym s'eft apperçu qu'il y avoit ΓΑΙ, & non pas ΓΝ, fur cette médaille; mais il a cru auffi voir ΦΙΛΟΙϹΙΜΑ.

fervée fur laquelle on lit KAI. KOP. COTΠEPHN. CE. &
fur la médaille d'argent qui s'y trouve pareillement, la légende commence par un c. Il eſt conſtant
par conſéquent que Supera s'appelloit *Caia Cornelia*.
Vaillant a cru voir auſſi ΦIΛOICIMA, au revers de
la médaille du duc de Devonshire. Il y a ſur celle
de l'Auteur ΦIΛOTEIMΩ, nom du magiſtrat qui étoit
Archonte pour la ſeconde fois de la ville de *Juliopo-
lis*, dans le temps où ces médailles y ont été frappées. On a quelques autres médailles de cette ville,
laquelle étoit ſituée en Phrygie, près de *Synnades*,
autant que l'on peut en juger par le peu qu'en di-
ſent les Auteurs anciens.

AVANT-PROPOS.

AVANT-PROPOS.

La plupart des Antiquaires qui ont travaillé fur les médailles ou monnoies anciennes, ont parlé de celles que les peuples & les villes avoient fait fabriquer pour leur ufage particulier. On appelle *Autonomes* ces fortes de médailles, pour les diftinguer de celles que plufieurs de ces villes faifoient frapper avec les têtes & les noms des Empereurs Romains, lefquelles, par cette raifon, font mifes au rang des Impériales. C'eft par antonomafe que l'on tranfporte ainfi aux médailles le titre d'autonome lequel appartenoit aux villes qui jouiffoient de leurs loix particulieres, & fubfiftoient dans une forte d'indépendance.

Quoiqu'il ait été déja publié, en beaucoup d'ouvrages différents un très-grand nombre de ces médailles autonomes, il en exifte encore une affez grande quantité qui ne font pas connues ; & comme il s'en trouve plufieurs de cette efpece dans la collection dont on donnera le catalogue abrégé à la fin de ce Recueil, l'on a cru que ce feroit faire une chofe agréable aux Amateurs de l'Antiquité, que de les leur faire connoître. Pour cet effet, l'on a choifi principalement celles des peuples & des villes dont aucune n'a été publiée jufqu'à préfent. On en a ajouté quelques-unes qui ne fe trouvent que dans des ouvrages ignorés, ou peu répandus, & plufieurs autres qui font rapportées dans les livres les plus connus, mais qui y font repréfentées ou décrites peu exactement. Les remarques que l'on a jointes aux deffeins de ces médailles, font voir en quoi confifte la différence qu'il y a entre les unes & les autres. On s'eft borné dans ces remarques & dans les autres obfervations, à n'y rapporter que ce qui pourroit fervir à donner connoiffance, autant qu'il étoit poffible, des vraies légendes que les médailles contiennent, des types qu'elles repréfentent, & des lieux où elles ont été frappées.

L'ordre qu'on a obfervé dans l'arrangement de la préfente collection, a beaucoup contribué à faire diftinguer particuliérement celles qui appartiennent aux différentes villes qui portoient le même nom; telles que les villes du nom d'*Aeges*, d'*Apamée*, d'*Héraclée*, d'*Apollonie*, de *Séleucie*, de *Laodicée*, de *Magnéfie*, &c. Au lieu de les ranger par ordre alphabétique, comme on le fait ordinairement, on les a rangées par royaumes, & par provinces; par ce moyen l'on reconnoît que celles du même pays font prefque toutes de même matiere, & de même fabrique; qu'elles repréfentent les divinités dont on fait par l'hiftoire que le culte y étoit singuliérement établi ; & qu'elles contiennent d'autres attributs propres de chaque pays.

On a eu égard aussi aux lieux d'où les médailles sont venues, & où elles ont été trouvées, tant que l'on a pu le savoir.

Au surplus on ne présume point d'avoir toujours rencontré le vrai ; & l'on ne donne ce Recueil, que comme une ébauche dont les Savants plus versés dans les connoissances de l'Antiquité pourront faire usage, lorsqu'ils voudront entreprendre d'en donner un général & complet qui nous manque.

Il sera aisé de marcher à pas plus sûrs dans cette carriere, quand M. l'Abbé Barthelemy aura donné l'ouvrage qu'il a annoncé dans son *Essai d'une Paléographie numismatique*, où il a déja traité la partie qui concerne la fabrique des médailles dans le temps où l'on commença à battre des monnoies. Il a joint aux exemples qu'il en donne des principes puisés dans la connoiſſance de l'Art , & des obſervations qui ne laiſſent rien à deſirer ſur le méchaniſme, & ſur les progrès ſucceſſifs arrivés dans la fabrication de ces premieres médailles. On doit s'attendre, qu'avec les connoiſſances qu'il a des langues & de l'antiquité, & avec les ſecours que lui fournit l'immenſe quantité de médailles de toute eſpece dont le cabinet du Roi eſt enrichi, les autres parties qui lui reſtent à traiter ne feront pas moins approfondies ; & que par les regles qu'il établira pour faire connoître l'âge de chaque ſorte de médaille , pour attribuer juſtement aux pays & aux villes celles qui leur appartiennent, & pour expliquer les types inconnus, on ne fera plus expoſé aux erreurs dans leſquelles pluſieurs Antiquaires ſont tombés ; & dont il ne ſe trouvera peut-être qu'une trop grande quantité dans ce Recueil.

Si l'on s'y eſt donné la liberté d'en relever qui ont été commiſes par quelques-uns d'entre eux, ce n'eſt point aſſurément par eſprit de critique,

& encore moins parce qu'on croit avoir plus
de connoiſſances & de lumieres qu'ils n'en
avoient. On eſt bien éloigné d'une pareille pré-
ſomption; c'eſt au contraire parce que leur réputation juſtement acquiſe, peut en impoſer,
qu'on a cru qu'il convenoit de prévenir leur
Lecteur contre ces erreurs qui leur ſont échap-
pées, ſoit par prévention, ſoit faute d'un aſſez
grand examen, & le plus ſouvent parce que les
médailles qu'ils avoient n'étoient pas d'une aſſez
bonne conſervation, pour qu'il fût poſſible d'en
bien diſtinguer les types, ni d'en bien lire les
légendes.

RECUEIL

DE

MÉDAILLES

DE *PEUPLES* ET DE *VILLES*.

TOME PREMIER;

Contenant les Médailles D'EUROPE.

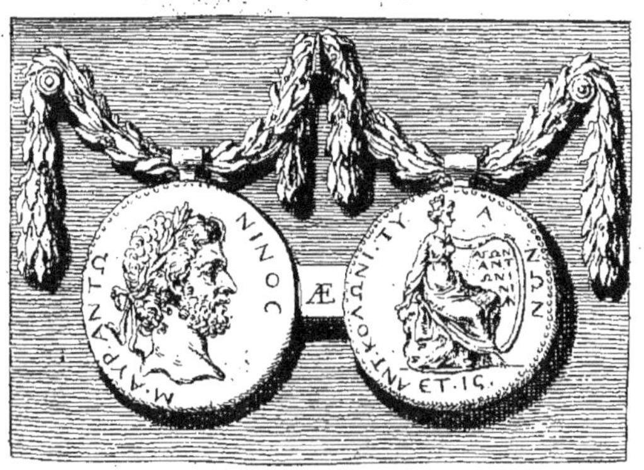

RECUEIL

RECUEIL

D E

MÉDAILLES

DE PEUPLES ET DE VILLES,

Qui n'ont point encore été publiées,
ou qui sont peu connues.

E U R O P E.

ESPAGNE.

DEPUIS quelques années il a paru deux Ouvrages différents fur les anciennes Médailles,
où Monnoies d'Efpagne.

Peuples & Villes. I. *Partie.*   A.

L'un, qui a été donné par Don Velafquez, de l'Académie Royale de Madrid, traite des Médailles, dont les légendes font en caracteres, foit Phœniciens, ou Puniques, foit Celtibériens, Turditains, ou autres inconnus. L'Auteur a tenté d'interpréter ces Médailles, dont plufieurs avoient déja été publiées par Laftanofa. Quoiqu'il y en ait dans la préfente Collection beaucoup de cette forte, tant en argent qu'en bronze, on n'en rapportera aucune dans ce Recueil, n'ayant rien de fatisfaifant à dire fur les légendes qu'elles contiennent.

L'autre Ouvrage eft du P. Florez, qui y a raffemblé généralement toutes les Médailles Impériales & Autonomes, tant latines que grecques, frappées en Efpagne, qui fe trouvent, foit dans les différents Cabinets de ce Royaume qu'il a tous compilés, foit dans les Auteurs qui en ont rapporté d'autres différentes. Il a accompagné la defcription de toutes ces Médailles de differtations & de remarques judicieufes & favantes : c'eft tout ce qui a paru de meilleur dans ce genre jufqu'à préfent.

A un Recueil auffi complet, & fait avec autant de foin & de recherches que celui-là, il doit refter peu de Médailles à ajouter, & encore moins d'obfervations à joindre ; ainfi l'on ne rapportera que les fuivantes.

CARTEIA.

L A premiere médaille de la ville de *Carteia*, qui a pour légende au revers CES. CAR. & pour type un foudre, a été publiée par le P. Florez, avec la différence qu'il y a vu, ou cru voir, la tête de Jupiter repréfentée de l'autre côté. Sur celle-ci, qui eft très-bien confervée, la tête n'eft point couronnée de laurier, & reffemble entiérement à celle de la feconde médaille qui ne repréfente point Jupiter, mais plutôt Neptune.

Cette feconde médaille, qui a pour légende SEPT. CAR. fait connoître que les lettres CES. de la premiere, font les initiales d'un nom de Magiftrat, & leve toute difficulté à cet égard.

La troifieme médaille, qui a pour type un gouvernail de navire, & pour légende P. MION. IIII. VIR., n'a point été publiée jufqu'à préfent, non plus que la précédente.

Il y a dans la préfente collection une médaille de *Carteia*, toute femblable à celle qui a été publiée par Haym dans le *Teforo Britannico*, avec la légende Q. PEDECAI. CARTEIA. qu'il a rendue par *Quintio Pede Colonia Augufta Julia* ou *Joza Carteia*.

Le Marquis Maffeï, dans le troisieme Volume de la *Verona illustrata*, rapporte un médaille pareille sur laquelle il a lu Q. PED. L. CAI., c'est-à-dire selon lui, *Quintius Pedius, Lucius Cæcilius*. Mais la lettre qu'il a prise pour une L, est un E très-bien formé sur la médaille de cette collection ; & si l'explication que Haym a donnée de cette légende n'est pas satisfaisante, il reste à en donner une meilleure que celle de M. Maffeï ; peut-être que PEDECAI. n'est qu'un seul mot, ou plutôt un nom de Magistrat, savoir, *Pedecæus*.

CELSA.

La quatrieme médaille attribuée à la ville de *Celsa*, a pour légende du côté de la tête, HIBERUS. II. V. QVINQ. & représente une tête nue, qui paroît tenir dans la bouche une fleur. Le Pere Florez qui a rapporté une médaille pareille, estime que cette tête jette de l'eau par la bouche, & que c'est le symbole du fleuve de l'Ebre, sur le bord duquel la ville de *Celsa* étoit située. Sur l'autre côté de la médaille, on voit au milieu un simpule, espece de vase dont les anciens se servoient pour les libations, & autour la legende C. LUCR. P. F. II. V. QUINQ., c'est-à-dire, *Caius Lucretius, Publii filius, duûmvir quinquennalis.*

Le P. Florez a lu fur fa médaille LUCIPI. au lieu
de LUCR. P. F., & a contredit en cela Don Antonio
Auguftino , qui avoit publié une femblable
médaille avec la même légende que l'on voit
fur celle-ci, qui eft d'une entiere confervation.
Au refte, quoique ces médailles ne contiennent
point le nom de la ville où elles ont été frappées, le P. Florez les réfere à *Celfa*, parce qu'il y
a plufieurs médailles Impériales de cette ville ,
qui contiennent le même nom de Magiftrat,
lequel en étoit vraifemblablement originaire.

PLANCHE
I.

E M P O R I Æ.

LES treize dernieres médailles de cette premiere Planche font de la ville appellée *Emporiæ*
par les Latins, aujourd'hui *Ampurias*. On ne
les a fait deffiner que parce que les légendes
qu'elles contiennent ne font pas les mêmes que
celles des médailles que le P. Florez a rapportées,
& qui, felon lui, font toutes rares. Il n'eft pas
étonnant que les unes foient latines , & les autres
grecques, ni qu'il y en ait auffi en caracteres
barbares. On fait que cette ville , habitée d'a-
bord par les naturels du pays , fut enfuite agran-
die & occupée féparément du côté de la mer
par des Grecs qui s'y établirent , & que pofté-

rieurement Jules Céfar, après avoir défait le parti de Pompée, ajouta à cette ville un troifieme agrandiffement pour une colonie Romaine. Les lettres féparées par des points que l'on voit fur les médailles latines, dont elles compofent les légendes, font, fuivant les apparences, les initiales des noms & des qualités des Magiftrats de la ville, dont l'on chercheroit vainement à donner l'interprétation.

Les médailles grecques qui ont au revers le type du cheval Pégafe, de même que les latines, ne different des précédentes que par la matiere, & par les têtes, qui dans les unes repréfentent Minerve cafquée, & dans les autres une femme couronnée d'épis, & environnée de poiffons.

A l'égard de celles dont les légendes font barbares, l'on y diftingue feulement que les caracteres qui les compofent font en partie grecs, & en partie anciens efpagnols, dont la valeur eft inconnue; d'où il y a lieu d'inférer, que par la fucceffion des temps les naturels du pays, mêlés avec les Grecs, qui demeurerent d'abord féparés par un mur dans la même Ville, ne formerent qu'un même peuple, & conféquemment un mêlange de langage, dont réfulta la barbarie des légendes en queftion; les médailles qui les

contiennent reſſemblent d'ailleurs tout-à-fait
par la matiere, la forme & la fabrique à celles
dont les légendes ſont purement grecques.

Les deux dernieres, ſur l'une deſquelles on
lit diſtinctement ΕΝΠΟΔΕΙΤΩΝ du côté de la tête,
eſt de même fabrique que les autres médailles
grecques; mais par le type du cheval, qui eſt
couronné par une Victoire, elles reſſemblent
à des médailles de Sicile, qui ont le même
type; & comme les médailles précédentes reſſemblent auſſi par la tête entourée de poiſſons,
à d'autres médailles Siciliennes, le P. Hardouin
en a inféré que ces médailles grecques appartenoient à quatre villes de Sicile; ſavoir, *Agri-
gentum, Leontini, Segeſta, & Selinus;* leſquelles
étoient les *Emporia* de cet Iſle : mais outre que
ſon ſentiment ſingulier à cet égard ne paroît pas
fondé, le P. Florez aſſure que les unes & les
autres ſe trouvent toutes communément dans
la contrée où la ville d'*Ampurias* eſt ſituée. Il
faut ajouter que le commerce qu'il y avoit ſans
doute entre la Sicile & cette ville, qui étoit un
port de mer très-fréquenté, peut fort bien avoir
occaſionné l'eſpece de conformité qui ſe trouve
dans les monnoies, ou médailles de ces deux
endroits.

PLANCHE
I.

NORBA, ou CARTHAGENE.

LE P. Florez rapporte une médaille semblable à la premiere de cette Planche, excepté que fur la fienne il y a dans le champ du revers les lettres VINK, qu'il rend par *Victrix Julia nova Carthago*; de forte qu'il l'attribue à la ville de Carthagene, ainfi que d'autres médailles Impériales fur lefquelles il y a les mêmes lettres VINK, ou VINC; & en cela il eft du fentiment de Vaillant touchant ces fortes de médailles Impériales. Il réfute celui du P. Hardouin, qui a prétendu que ces quatre lettres devoient être rendues par *Victrix Julia Norba Cæfariana*; & dit de plus que pareilles médailles fe trouvent dans le pays où eft fituée la ville de Carthagene, & non en Eftramadoure où étoit celle de Norba. Le P. Panel, de qui vient la médaille ici rapportée, foutient de fon côté qu'elle eft de *Norba*, & que c'eft même la feule connue de cette ville, celle que Vaillant lui attribue n'en étant pas. Entr'eux le débat : on ne prétend point le juger; on obferve feulement qu'il n'y a fur cette médaille-ci, qui eft d'une belle confervation, que les lettres C. V. I. N. qu'on rend par *Colonia Victrix Julia Norba*, & qu'on n'y voit aucune

ESPAGNE.

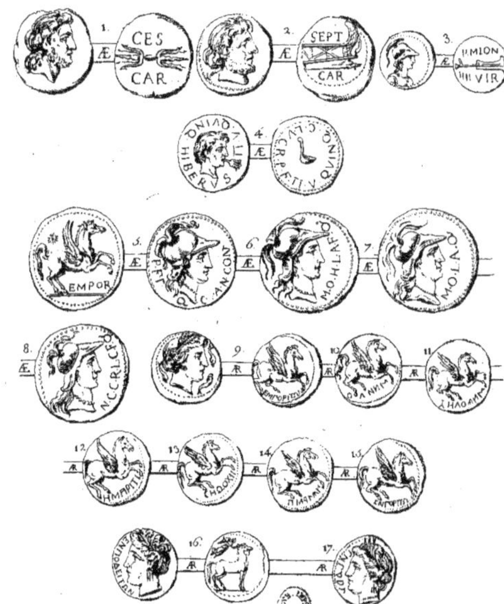

aucune trace du k ou du c, qui devroit y être, comme fur celle du P. Florez, pour pouvoir la référer à la ville de *Carthagene*.

O S I C E R D A.

La médaille, n°. 19, eſt de la ville d'*Oſicerda*, & n'a point été publiée juſqu'à préfent. Don Velaſquez & le Pere Florez en rapportent feulement une autre de cette ville, qui repréſente d'un côté une Victoire avec la légende osi. , & de l'autre côté un Eléphant, ſous lequel il y a une autre légende en caracteres inconnus.

R H O D A ou R O S E S.

La médaille, no. 20, a d'un côté la tête de Cérès avec la légende poαhtωn, & de l'autre côté un champ concave partagé en quatre parties par des eſpeces de branches cannelées qui fe joignent au milieu en forme de croix. On n'a point connoiſſance qu'aucune médaille pareille ait été publiée. Le P. Hardouin en rapporte feulement une ayant pour légende poαhtan, qu'il eſtime pouvoir être de l'iſle de Rhodes, ſans dire en quoi conſiſte ſon type, ni quelle eſt la tête qui y eſt repréſentée. Quelle que ſoit cette médaille, il n'y a point d'apparence qu'elle appartienne à l'iſle de Rhodes, dont toutes les médailles, qui ſont en très-grand nombre, ont conſtamment pour légende ΡΟΔΙΩΝ, & jamais ΡΟΔΗΤΑΝ, ni ΡΟΔΗΤΩΝ. Il y a tout lieu de juger au contraire, que celle qu'on rapporte ici eſt de la ville de *Roſés* en Eſpagne, dont les habitants étoient appellés *Rhodenſes*, & non pas *Rhodii*, par les Latins. Quelques-uns prétendent qu'elle avoit été bâtie par des Rhodiens, qui lui donnerent leur nom ; & d'autres en font fondateurs les Grecs Emporitains, qui étoient auſſi Rhodiens d'origine. Il eſt à obſerver que cette médaille & la ſuivante n°. 21, qui a la même tête & le même type, mais qui eſt d'une fabrique groſſiere & ſans légende, reſſemblent aux médailles Carthaginoiſes frappées en Sicile ; ce qui pourroit faire juger que dans des temps & des circonſtances, dont l'hiſtoire ne fait pas mention, la ville de *Roſés* auroit été ſous la domination des Carthaginois, leſquels auroient fait fabriquer, pour l'uſage des Grecs qui l'habitoient, des monnoies en leur langue, comme ils en avoient fait fabriquer en Sicile pour l'uſage des habitants des villes, dont ils s'étoient emparés dans cette iſle.

A Φ P A.

Urſin & Patin ont rapporté une médaille pareille à celle du n°. 22, qui a pour légende AΦPA, & l'ont attribuée à la famille *Afrania*. Vaillant & Morel ont jugé qu'elle appartient à d'anciens peuples d'Eſpagne ; mais M. Olivieri (Mémoires de l'Académie de Cortone, Tome II, page 66.) la revendique pour être Italique, prétendant que les caracteres ne ſont point Eſpagnols, & qu'elle a été frappée en l'honneur de *Titus Aphranius*, l'un des chefs des alliés pendant la guerre ſociale.

MÉDAILLES INCERTAINES.

Les ſix dernieres médailles de cette Planche ſont du nombre des incertaines. Elles ont cependant été miſes à la ſuite de celles des villes d'Eſpagne, parce qu'elles y ont été trouvées, & qu'elles ſont en effet de fabrique Eſpagnole. Il n'y a que celle où l'on voit pour légende BIATEC, n°. 25, qui ait été publiée par Hardouin, Wilde & Beger, leſquels n'y avoient vu que les cinq premieres lettres ſavoir BIATE. C'eſt en vain que les uns ont voulu attribuer cette médaille à une prétendue ville de Meſſénie, parce

Autre médaille d'*ADNA* en bronze toute semblable à celle d'argent excepté que ce nom y est précédé de ΛΑ·ΤΙ·S·1·*p*·10. Nª cette médaille de bronze sembleroit indiquer qu'elle auroit té fabriquée, ainsi que celle d'argent, ailleurs qu'en Espagne.

qu'il y avoit un fleuve appellé *Bias* dans cette contrée du Péloponese ; & ce n'est avec gueres plus de fondement que d'autres, réfutant cette premiere opinion, ont prétendu qu'elle appartenoit à *Biatia*, ville d'Espagne, dont Ptolémée est le seul Auteur qui fasse mention. Il y a toute apparence que ces six médailles, dont les cinq premieres sont de petits médaillons d'argent fort épais, représentent des chefs de peuples particuliers, qui s'étant soumis aux Romains & alliés avec eux, auront, à leur exemple, fait frapper des médailles avec leurs noms, qui ne nous ont point été transmis par les Historiens. Il est au moins certain qu'on n'a point vu jusqu'à présent de pareilles médailles de villes d'Espagne, & leur forme extraordinaire semble d'ailleurs confirmer l'opinion que l'on propose ; à quoi l'on peut ajouter que les chefs Espagnols qui faisoient frapper des monnoies avec leurs têtes & avec des légendes en leur langue, avant la conquête de l'Espagne par les Romains, auront bien pu en faire frapper ensuite en langue latine, après qu'elle se fut introduite dans leur pays. C'est ce qui fut pratiqué dans la Gaule, où plusieurs chefs de différentes contrées firent frapper avec leurs têtes, &

avec leurs noms des médailles latines qui feront ci-après rapportées.

GAULE.

LE plus grand recueil de médailles anciennes des Gaulois, qui ait été donné jufqu'à préfent, eft celui qui a été inféré par Bouteroue dans fon Traité fur les monnoies de France, imprimé en 1666. Il y a compris toutes celles qui fe trouvoient alors dans le cabinet du Roi, & dans les autres cabinets qui exiftoient, tant à Paris, que dans les provinces du royaume. Aux médailles qui contiennent des noms de peuples & de villes, il en a joint plufieurs autres qui ne contiennent que des noms propres de Gaulois, rois de différentes contrées, ou chefs de cités. Le nombre de ces médailles ne monte pas cependant à plus de cinquante en tout.

Depuis l'ouvrage de Bouteroue, quelques Antiquaires ont rapporté d'autres médailles, foit de villes, foit de chefs gaulois, mais en petite quantité ; & à l'exception de quelques médailles grecques de *Marfeille* & d'*Antibes*, toutes les autres qu'ils ont publiées font latines, ayant été fabriquées depuis que la langue latine fe fut introduite chez les Gaulois, d'abord par la communication qu'il y eut entr'eux & les Romains, & enfuite par la réduction de la Gaule en province Romaine. Il eft à obferver que dans les légendes de ces médailles il fe trouve affez fouvent des lettres grecques mêlées avec les lettres latines ; ce qui ne doit pas paroître extraordinaire ; puifque, fuivant le rapport de Céfar dans fes commentaires, les premiers caracteres dont les Gaulois fe font fervis, étoient des caracteres grecs. Ceux qui s'y trouvent le plus ordinairement font les fuivants г. ᴅ. ε. ᴋ. & ᴧ. comme on le verra dans les médailles de ce recueil.

Tous ceux qui ont touché à la queftion de favoir fi les Gaulois avoient eu des monnoies particulieres avant la conquête de leur pays par les Romains, n'en ont parlé que fuperficiellement. On ne prétend pas approfondir ici cette queftion. On obfervera feulement que l'on trouve dans le royaume deux efpeces de médailles plus anciennes, dont il y a une affez grande quantité dans la préfente collection ; favoir, des pieces d'or & d'argent contenant les unes & les autres plus ou moins d'alliage, & d'une fabrique très-groffiere, lefquel-

les repréſentent d'un côté des têtes d'hommes
nues, quelques-unes couronnées de laurier, &
d'autres en plus grand nombre entourées de
cordons bouclés & voltigeants en forme d'ornement ; de l'autre côté, elles ont preſque toutes un char attelé d'un, ou de deux chevaux con-
duits par un homme debout ſur le char. Dans
pluſieurs, les chevaux ſont repréſentés avec des
têtes humaines ; & ſur quelques-unes l'on voit
à l'exergue, des légendes en caracteres appro-
chants des caracteres grecs, mais mal formés.
Il paroît évidemment que ceux qui ont fabriqué ces médailles, ont voulu imiter celles d'or
de Philippe, roi de Macédoine, & la légende
ΦΙΛΙΠΠΟΥ : d'où l'on croit pouvoir inférer que
ce qui a donné lieu à la fabrique de ces ſortes
de médailles d'or & d'argent par les Gaulois,
c'eſt que ceux qui revinrent dans la Gaule après
leur expédition ſous Brennus en Macédoine & en
Grece, en rapporterent des monnoies d'or de
Philippe ; & qu'après en avoir fait uſage chez
eux pour ſe procurer leurs commodités & leurs
beſoins, ils en firent fabriquer d'autres, à l'imitation de celles-là, par des ouvriers qui ne pu-
rent alors les contrefaire que d'une façon conforme à la rudeſſe où étoient les arts dans leur
pays.

PLANCHE
II.

L'autre efpece de médailles anciennes font les unes de cuivre, les autres d'une matiere particuliere compofée de bronze & d'autres métaux différents. Elles n'ont aucune légende, & repréfentent des têtes informes, des oifeaux, des chevaux, des poiffons, des fangliers & autres animaux, le tout d'une fabrique des plus groffieres.

On n'a pas cru devoir faire graver dans ce recueil ces fortes de médailles qui n'ont rien de curieux ni d'intéreffant. On n'y donne que celles qui contiennent des légendes qui n'ont pas encore été publiées, ou qui l'ayant été, paroiffent mériter quelques remarques.

A B A L L O.

PLANCHE
III.

La premiere médaille de cette planche repréfente d'un côté un mulet avec la légende ABALLO, aujourd'hui *Avalon*, ville fituée en Bourgogne ; & de l'autre côté une tête d'homme ceinte d'une ligature en forme de diadême. On n'avoit point encore vu de médaille de cette ville. Celle-ci qui reffemble aux autres médailles gauloifes, eft de la meilleure fabrique pour le pays & pour le temps où elle a dû être frappée.

Bouteroue en a rapporté une fur laquelle il

a

ABVDOS, P. III. *p.* 18ʳ.
ABVDIACVM. S. IV. *p.* 22.

OSIC
CVNIN
MEDAILLES incertaines
AONA
ATTA
BIATEC
NGE
SVICC
ALVO

a lu caballo, & qu'il a attribuée à la ville de
Chalon-fur-Saone. Elle differe par la tête &
par le type du revers de celle qu'on rapporte
ici, & qui ne peut-être de Chalon, la légende
aballo étant bien entiere.

AMBACTUS.

On ne fait pas précifément fi le nom ambactus
marqué fur la médaille n° 2, defigne un lieu,
ou un chef des Gaulois : mais le terme d'*Am-
bact* eft encore aujourd'hui en ufage dans la
Flandre, où il fignifie le territoire d'une Jurif-
diction, comme Bailliage ou Sénéchauffée. Anciennement *Ambactus* fignifioit un efclave, au
rapport de Feftus qui cite Ennius. Jules-Céfar,
dans fes commentaires *Bell. Gall. VI, 15*, donne
le même nom à des cliens ou des vaffaux, qui
accompagnoient les Seigneurs Gaulois & facri-
fioient leur vie pour leur défenfe.

ANGERS.

Les médailles n° 3 & 4 font de la ville d'*An-
gers*, dont les habitants étoient appellés en latin *Andecavi* & *Andegavi*. Bouteroue en a rapporté trois autres médailles qui different de celles-
ci, par les têtes & par les revers.

Peuples & Villes. I. Part.   C

ANTIBES.

LES médailles greques n°. 5, 6, 7, & 8 font de la ville d'*Antibes* en Provence, qui étoit appellée *Antipolis* par les Grecs & par les Latins. C'étoit une colonie des Marseillois, où l'on parloit Grec, comme à *Marseille.*

Le type d'une victoire, qui couronne un trophée, est le même fur ces quatre médailles, ainsi que la légende ΑΝΤΙΠ. ΛΕΠΙ. Mais de l'autre côté ce font différentes têtes avec des lettres différentes fur chacune, lesquelles font vraisemblablement les initiales de noms de Magistrats. Goltzius a publié une médaille différente de cette ville avec la légende entiere ΑΝΤΙΠΟΛΙΤΩΝ.

Il y a tout lieu de croire qu'elle fit frapper les quatre médailles qu'on vient de rapporter, en l'honneur de Lépide Triumvir, comme il en fut aussi frappé pour lui à *Cavaillon*, autre ville de Provence, ainsi qu'il sera plus particuliérement observé ci-après.

BOURGES.

CELLE n°. 9, qui a pour légende AVARICO, est de la ville de *Bourges*, capitale du Berry.

On ne trouve point qu'il ait été publié aucune médaille de cette ville jufqu'à préfent.

AVIGNON.

LES lettres AOΥΕ, qui forment la légende, n°. 10, de la médaille font les initiales de AOΥΕΝΙΩΝ, ou AΥΕΝΙΩΝ, aujourd'hui *Avignon*, qui étoit originairement de la dépendance de Marfeille. La langue grecque étoit alors celle des habitants de l'une & de l'autre ville, & de plufieurs autres des environs, comme leurs monnoies le font connoître.

Les anciens peuples des Gaules, à l'imitation des Grecs, faifoient repréfenter fur les leurs différents animaux, ainfi que fur leurs enfeignes. Le Sanglier fur-tout fe trouve fur les monnoies d'un grand nombre de villes. Bouteroue, en faifant cette obfervation à l'occafion d'une autre médaille, où cet animal eft repréfenté, ajoute qu'on le voyoit même fur l'arc de triomphe de la ville d'*Orange*, voifine d'*Avignon*. Au refte, il n'avoit point été publié jufqu'ici aucune médaille de cette ville. C'eft en Provence que celle-ci & quelques autres femblables ont été trouvées.

AULERCI.

CELLES qu'on voit n°. 11, 12, & 13, font attribuées aux peuples du pays d'*Evreux*, appellés *Aulerci-Eburovices*. Il y avoit d'autres peuples du nom d'*Aulerci*, favoir, *Aulerci-Cenomani*, *Aulerci-Diablintes* & *Aulerci-Brannovices*, qui habitoient différentes contrées des Gaules. Peut-être que la troifieme eft de quelques-uns de ces derniers. Les unes & les autres different de celles que Bouteroue a publiées.

BEZIERS.

LIEBE a rapporté une médaille prefque femblable à la derniere de cette planche n°. 14: il l'attribue avec raifon à la ville de Beziers en Languedoc, & réfute le fentiment du P. Hardouin, qui l'attribuoit à des peuples de Syrie, portant un nom qui avoit quelque reffemblance avec celui de cette ville.

CAVAILLON.

AVANT que de parler de la premiere médaille de cette Planche, l'on croit devoir faire obferver, que celles de bronze, qui ont pour légende COL. CABE. font trop communes pour en donner

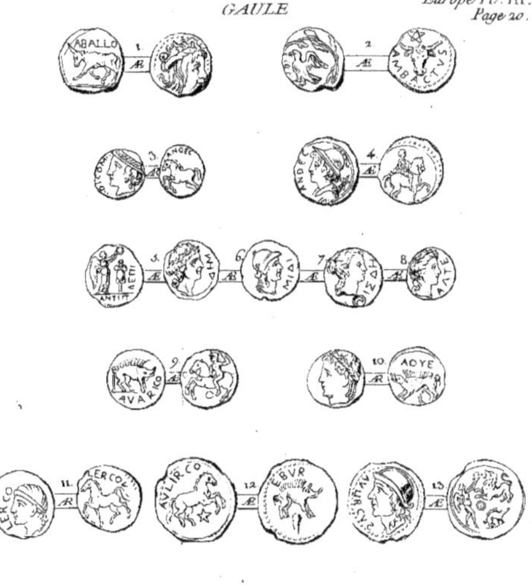

ici le deſſein. On a pluſieurs de ces médailles, & une autre d'argent également connue, qui a d'un côté une tête de femme avec la légende CABE, & de l'autre côté une corne d'abondance avec le mot LEPI. On ſait la diſpute qui s'eſt élevée entre les Antiquaires ſur le lieu où ces médailles ont été frappées, les uns prétendant que c'étoit dans une ville d'Afrique appellée CABES, & les autres dans celle de CABELLIO, aujourd'hui *Cavaillon* en Provence. Il a été enfin reconnu que c'eſt au ſentiment de ces derniers qu'il falloit s'en tenir, parce qu'il paroît que pluſieurs villes des Gaules ont affecté de faire frapper des médailles avec les noms des Triumvirs. Outre celle qu'on vient de rapporter frappée à *Cavaillon* avec le nom de Lepide, l'on a vu ci-devant que la ville d'*Antibes* en avoit auſſi fait frapper pluſieurs avec le nom de ce Triumvir. Il en a été pareillement frappé une d'argent pour Céſar Octavien *à Cavaillon*, laquelle ſe trouve parmi celles des familles Romaines de Morel. On en a auſſi pluſieurs de Marc-Antoine frappées à *Lyon*, qui ſont de même matiere & du même module que celles de *Cavaillon*.

On doit ajouter à tous ces exemples la préſente médaille de Marc-Antoine frappée auſſi

PLANCHE
IV.

à *Cavaillon* : elle avoit été inconnue jusqu'à présent. Quoiqu'elle ne soit pas d'une entiere conservation, l'on distingue assez bien que c'est la tête de ce Triumvir qui y est représentée ; mais l'on ignore à quoi peut se rapporter la tête à deux visages qui est de l'autre côté.

CATALAUNI.

LE Marquis Maffeï dans ses lettres sur les antiquités des Gaules, a publié une médaille semblable à celle du n°. 16 : celle du n°. 17 ne l'a point été jusqu'à présent. Les peuples appellés *Catalauni*, qui ont fait frapper ces médailles, habitoient la contrée appellée aujourd'hui le *Châlonois* en Champagne.

EBURONES.

BOUTEROUE a aussi publié deux médailles des peuples appellés *Eburones*, qui sont semblables par la matiere, par les têtes & par les types à celles des n°. 18 & 19. Sur l'une il n'a vu que AABI, au lieu de TAMBIL OU CAMBIL, qu'on lit sur la seconde de celles-ci. Sur l'autre il a lu AMBIORIX, qui étoit Roi du pays habité par ces peuples, quand Jules César arriva dans la Gaule. Ce pays est aujourd'hui celui de Liége.

EVREUX.

La médaille, n° 20, doit avoir été frappée par les peuples de la cité d'*Evreux* ; leur nom y est marqué d'une façon singuliere ; mais on peut aisément concevoir que ɪʙʀᴠɪx y a été mis pour ᴇʙᴠʀᴏᴠɪx, si l'on confidere que dans la notice des Gaules cette cité est appellée *civitas Ebroicorum*, & que dans les capitulaires le pays voisin est appellé *Pagus Ebrecinus* & *Ebricinus*. Cette médaille n'a point été publiée.

LACYDON & MARSEILLE.

Celle du n°. 21 ne l'a point été non plus jusqu'à préfent, & on la regarde comme unique. Le nom de *Lacydon* qu'elle contient, étoit celui de l'ancien Port de Marfeille. Pomponius Mela en parle ainfi, *Lacydon Maffilienfium portus, & in eo ipfa Maffilia.* Cette petite médaille d'argent, qui est d'une parfaite confervation, reffemble entiérement, par la matiere & par la forme aux deux fuivantes de la ville de *Marfeille* n°. 22 & 23. Si Beger avoit vu la premiere, qui a pour légende ᴍᴀssᴀ du côté de la tête, il n'auroit pas attribué à la Macédoine, mal-à-propos, comme il a fait, une médaille pareille à la feconde, qui a feulement les lettres MA. au revers, fans légende du côté de la tête.

Le P. Paciaudi, dans fes *Animadverfiones Philologicæ*, eftime que la tête repréfentée fur ces petites médailles d'argent eft celle d'Apollon Delphien, divinité que les Phocéens avoient en grande vénération, & à laquelle les Marfeillois avoient dédié un temple dans leur fortereffe, comme à leur gardien & leur confervateur. Il traite d'abfurde avec raifon le fentiment d'Eccard, qui croyoit que cette tête étoit celle de Marc Antoine, & que fon nom étoit marqué par les lettres MA. de leur revers.

Il y a beaucoup d'autres médailles de *Marfeille* qui n'ont pareillement que les lettres MA. pour légende. Telles font entre autres celles de bronze qui ont pour type un trépied, comme celle du n° 27, avec la tête de Pallas de l'autre côté. Liébe ayant vu une médaille pareille avec les lettres ΜΑΣ, s'eft imaginé qu'elles y étoient pour ΜΑΓΝΗΤΩΝ ΣΙΠΥΛΟΥ.

Il eft à obferver que la médaille n°. 24, a pour type un aigle, ainfi que plufieurs autres de cette collection non publiées ; & que par conféquent il y a eu un temps où les Marfeillois avoient adopté l'Aigle pour fymbole de leur ville.   La

La médaille, n°. 25, qui repréfente deux boucliers au revers, n'a point non plus été publiée jufqu'à préfent, ni celle du n° 26, qui repréfente un cheval paiffant.

RHODANUSIA.

La médaille d'argent, n°. 28, fur laquelle on voit d'un côté une rofe, comme fur les médailles de l'ifle de *Rhodes*, avec les lettres MA. dans le champ, & de l'autre côté, la tête du foleil en face avec un petit aigle en relief fur la joue droite, mérite d'être obfervée. Elle eft d'une fabrique un peu groffiere, & différente de celle des médailles qui ont été frappées à *Rhodes.* Les lettres MA. femblent défigner que ce font les Marfeillois qui l'ont fait frapper ; & comme d'ailleurs elle a été trouvée en Provence, il y a lieu de penfer qu'elle eft de la ville appellée *Rhoda*, par les uns , & *Rhodanufia* par les autres , qui avoit été bâtie par les Rhodiens à l'embouchure du Rhône, & qui fut enfuite occupée par les Marfeillois. Pendant que ceux-ci la poffédoient, ils ont pu laiffer fubfifter fur les monnoies de cette ville la tête du foleil, & la rofe, qui en marquoit l'origine ; & pour faire connoître qu'ils en étoient poffeffeurs, ils auront fubftitué les lettres MA. aux lettres PO. qui fe trouvent communément fur les médailles de *Rhodes*: ils ont auffi ajouté à la tête du foleil l'aigle, qui étoit un des fymboles particuliers qu'ils avoient adopté, comme on le voit par les médailles de Marfeille, dont il a été ci-devant fait mention.

METZ.

L A médaille, n°. 29, qui a pour légende MEDIO. au revers, eft de fabrique Gauloife, & par conféquent appartient aux peuples appellés *Mediomatrici*, qui habitoient le pays dont la ville de Metz eft à préfent la capitale.

REIMS.

L A médaille, n° 30, qui repréfente d'un côté une tête d'homme nue, ayant un collier, & de l'autré côté un lion, & qui a pour légende REMOS. ATISIO, eft de la ville de Reims, & n'a point été publiée. *Atifio* étoit vraifemblablement chef & fouverain des peuples *Remi*, dont cette ville eft à préfent encore la capitale. On en a d'autres médailles plus communes, qui ont avec la légende REMO. dès deux côtés, dans l'un pour type un char tiré par deux chevaux, & dans l'autre trois têtes accolées. Il y a des Antiquaires qui ont cru que ces trois têtes repréfentoient le fouverain, le fénat, & le peuple. D'autres ont penfé que c'étoit les têtes des Triumvirs Octavien, Marc-Antoine & Lépide. Le P. Hardouin, qui avoit d'abord été de cet avis, s'eft rangé enfuite de celui du P. Sirmond, qui a jugé qu'elles repréfentent les trois Gaules, comme les trois têtes que l'on voit fur des médailles de l'empereur Galba avec la légende TRES GALLIAE.

ROUEN.

CELLES des n°s. 31 & 32, qui ont pour légende RATUMACOS, n'ont point été publiées. Elles font de la ville de Rouen, dont le nom eft écrit, RODOMO, ROTHOMO & ROTVMAGVS fur d'autres médailles.

SUZE.

BOUTEROUE qui en a rapporté une à peu près femblable à celle du n°. 33, l'a attribuée aux Ségufiens, peuples du Forez & du Lionnois ; mais ils n'avoient point de ville de leur nom. Il y a plus d'apparence que cette médaille appartient à d'autres peuples appellés auffi Ségufiens, lefquels étoient établis dans les Alpes

D ij

PLANCHE
IV.

Graïennes, où étoit la ville de *Segusia*, aujour-
d'hui *Suze*.

TOURNAI.

LA médaille, n°. 34, qui a pour légende d'un
côté DVRNACVS, & de l'autre côté DONNVS, a été
publiée par Bouteroue. Cette médaille est attribuée à la ville de *Tournai*. On en a plusieurs
autres qui ont pareillement pour légende
DVRNACVS, ou DVRNACOS d'un côté, & de l'autre
côté AVSCRO sur les unes, & DVBNO REX sur les
autres, lesquelles ont aussi été publiées. DONNVS
& AVSCRO étoient sans doute des chefs ou sou-
verains de la contrée dont la ville de *Tournai*
étoit la capitale, lesquels n'avoient pas pris le
titre de roi, comme DVBNO. Beger, qui a rapporté une médaille pareille à celle de ce n°.
mais à laquelle il manquoit le mot DVRNACVS du
côté de la tête, a cru qu'elle étoit d'un petit
souverain, qui régnoit dans les Alpes sous le
nom d'*Ideonnus* suivant Strabon, & que c'étoit
le même qui est appellé *Donnus* dans le vers
d'Ovide :

> . . . . *Progenies alti fortissima Donni.*

Outre la médaille de DVBNO, dont on vient
de parler, il y en a d'autres dans cette collec-

SEQVANI. *Voyez* P. III. *p.* 186.

M.ᵉ *qu'il y a dans cette collection des médailles de* Lugdunum, Nemausus,
Santones, Virodunum *& beaucoup d'autres qui ont été publiées par Boutéroüe.*

tion qui ont pour légende DVBNO REIX, DVBO. REIX & DVBNOႸV.

TOURS.

BOUTEROUE & le Blanc attribuent à la ville de *Tours* les médailles, qui ont pour légende TVRONOS; & felon le Blanc, TRICCES font les habitants de la ville de *Troyes* en Champagne. Sur la derniere médaille de cette planche n°. 35, il y a d'un côté TVRONOS, & de l'autre côté TRICCES. Or les villes de *Tours* & de *Troyes*, étant trop éloignées l'une de l'autre pour que leurs noms aient été mis enfemble fur une médaille, il eft à préfumer que TRICCES eft fur celle-ci le nom d'un chef Gaulois, d'autant plus que fur une autre médaille de *Tours* rapportée par Bouteroue, il y a CANTORIX, qui ne peut être que le nom d'un chef Gaulois.

MÉDAILLES INCERTAINES.

ON appelle ici médailles incertaines celles qui ont des légendes contenant des noms, foit de divinités, foit d'hommes ou de villes, qui ne font pas connus, parce que les Hiftoriens & Géographes n'en ont point fait mention, ou parce qu'ils font écrits fur ces médailles d'une

PLANCHE
IV.

façon si étrange, qu'il n'est gueres possible de les reconnoître. La raison pour laquelle ils s'y trouvent défigurés de la sorte, est aisée à concevoir. Chaque langue ayant sa prononciation particuliere, il arrive ordinairement que des peuples qui ont à transmettre dans la leur les noms propres d'une autre langue, les écrivent de différente maniere par la difficulté qu'ils ont à les bien articuler. C'est pourquoi les mêmes noms propres étrangers se trouvent écrits si diversement par les différents Auteurs qui les ont rapportés.

Cette diversité se rencontre également sur les médailles, & souvent l'on ne peut y distinguer si c'est un nom de ville, ou un nom d'homme, que contiennent celles dont les légendes ne consistent que dans un seul mot.

Quoique toutes les médailles suivantes de la présente collection paroissent être de fabrique Gauloise, il se peut bien que dans le nombre il y en ait quelques-unes qui soient d'autres pays.

On y a joint peu de remarques, laissant à ceux qui ont des connoissances plus étendues dans l'histoire & la géographie ancienne, à donner de plus grands éclaircissements sur ces médailles.

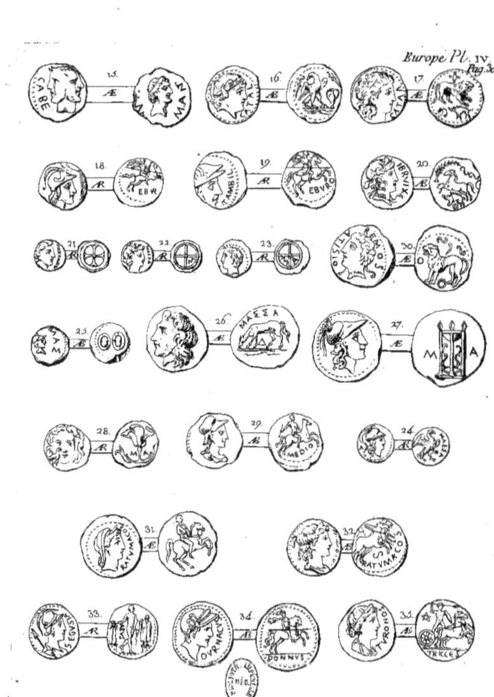

LISIEUX.

LA légende de la premiere, qui eſt ʟɪʜᴏᴠɪ, peut avoir été ainſi écrite pour *Lixovi* ou pour *Limovi*. Dans ce cas la médaille feroit de la cité de *Liſieux* ou de *Limoges*, mais on ne fait ce que le mot *Ovacia* du revers peut ſignifier.

AUCH.

LA médaille, n°. 2, qui a pour légende ᴏcɪɪ. peut bien auſſi être des peuples appellés *Auſcii*, n'y ayant gueres de différence dans la prononciation de l'un & de l'autre mot. C'eſt du nom de ces peuples que la ville d'*Auch* a pris le ſien. Si cette médaille leur appartient, le mot *Cramit*, qui eſt de l'autre côté, doit être le nom de quelque chef Gaulois.

ANDOB.

LES noms de villes étant ſouvent abrégés ſur les médailles, qui n'en contiennent que les premieres lettres, il ne feroit pas extraordinaire que la médaille n°. 3, qui a pour légende ᴀɴᴅᴏʙ. fût de la ville appellée *Andomatunum*. Cette ville dont parle Ptolémée, étoit la feule, ou du moins la principale du pays habité par les peuples appellés *Lingones*, laquelle fut depuis appellée *Langres*.

DALETUONUS & SOTIOGA.

IL y a quelque apparence que le ΔΑLΕΤVΩΝVS de la médaille n°. 4, étoit le général Gaulois appellé *Adiatonnus*, & *Adcantuannus*[*] dans les commentaires imprimés de César. Il étoit chef ou souverain des peuples d'Aquitaine appellés *Sotiates*, & fut vaincu par Crassus commandant l'armée Romaine. La ville où il soutint un siege contre cette armée, n'est pas nommée. Il est dit seulement que c'étoit la ville des *Sotiates*, & l'on peut en inférer qu'elle s'appelloit de leur nom *Sotioga*, comme il est marqué au revers de cette médaille.

L I T A. nobriga.

CELLE n° 5, qui a pour légende LITA, est à peu près semblable à deux autres qui ont été publiées par Bouteroue avec la même légende. Il estime que Lita est le commencement du nom de *Litavicus*, seigneur Gaulois, chef de dix

---

[*] Dans les manuscrits de la Bibliotheque du Roi, ce nom est écrit de beaucoup d'autres manieres, entr'autres *Adcantuunus*, *Adiatuunus*, *Adiatonus*, *Adcantuannus* & *Aliatunnus*.

mille

mille hommes qui furent envoyés à Jules Céfar
par les Autunois.

VERGA.

Il juge auffi que VERGA. de la médaille n° 6,
peut être le commencement du nom de *Verga-
fillaunus*, l'un des chefs Gaulois, commandant
les troupes qui furent envoyées au fecours de
la ville d'*Alefia*, pendant que Jules-Céfar en
faifoit le fiege.

BRICO & BRICCIT.

Il a lu BRICO. fur une médaille pareille à
celle du n°. 7, qui eft ici rapportée, & fur laquelle il y a BRICCIT. Il référoit cette médaille
à la ville de *Breucomagus*, *Brumpt* en Alface.
Selon lui, COMA OU COMAN, légende du revers,
eft le nom de quelque chef inconnu.

LVIIPOT.

Il a lu auffi VHFOTAI fur une autre médaille
reffemblante à celle du n°. 8, fur laquelle il y
a LVIIPOT. La fienne n'étoit apparemment pas
bien confervée, puifqu'il n'a pas diftingué le
fanglier qui eft repréfenté dans le champ du
revers.

NINNO.

La médaille, n°. 9, qui a pour légende ninno, du côté de la tête, & mavr. de l'autre côté, a été publiée par Beger, qui l'a attribuée à des peuples d'Italie appellés *Marrucini*, prétendant qu'ils l'avoient fait frapper en l'honneur d'un magiſtrat nommé *Q. Ninnius*, dont il eſt fait mention dans deux Inſcriptions trouvées dans le pays que ces peuples habitoient. Mais cette interprétation ne peut s'accorder avec la médaille, n°. 10, qui étant parfaitement ſemblable à la précédente, par la matiere, par la forme & par le type, ne differe que par les légendes, y ayant ninno d'un côté, & minino de l'autre côté ; ce qui fait connoître que *Ninno* doit être le nom d'une ville, & que *Maur* & *Minino* ſont vraiſemblablement des chefs Gaulois, ces médailles étant de fabrique Gauloiſe.

POOCTIKA.

Il paroît que bootika qui ſe trouve ſur une médaille que Bouteroue a publiée, & pooctika de celle du n°. 11. ici rapportée, ſont le même nom, quoique ces deux médailles different d'ailleurs par les têtes & par les types de leur revers. Bouteroue a cru voir une tête de femme fur fa médaille, & qu'elle repréfentoit une reine de la Grande Bretagne fort renommée dans l'Hiftoire appellée *Vovadica*, par les uns, *Boadica* & *Bunduika* par les autres. Il feroit difficile d'attribuer de même à cette reine la médaille préfente, dont la tête eft celle d'un homme couverte d'un cafque. On ne fait d'ailleurs cè que la légende ROVECA du revers peut fignifier.

P L A N C H E
V.

A R T O I A.

MAIS c'eft bien une tête de femme qui eft repréfentée fur la médaille n°. 12, avec la légende ARTOJA COVV. noms inconnus, ainfi que celui de NAVΛV. qui eft de l'autre côté. C'eft au furplus la feule médaille Gauloife que l'on connoiffe avoir pour type une chevre.

R O V U.

BOUTEROUE en a publié une qui a pour légende du côté de la tête ROVV. & de l'autre côté CAL. qu'il a attribuée à la ville de *Calais*. Celle qu'on rapporte ici, n°. 13, eft toute femblable, excepté qu'au lieu de CAL. il y a CNVO. au revers, d'où il réfulte que ROVV. fur ces deux

E ij

médailles, doit être un nom de ville, & que ce font des chefs Gaulois dont les noms font en abrégé de l'autre côté.

CIAMILO.

IL y en a plufieurs dans cette collection pareilles à celle du n°. 14. dont la legende eft CIAMILO. Il fe pourroit que ce fût le commencement du nom *Camulogenus* chef Gaulois, dont il eft parlé dans les commentaires de Céfar.

EPAD.

LES mots, EPAD, & HPAD. que l'on voit fur les médailles, n°. 15 & 16, font, felon les apparences, le même nom. Peut-être appartiennent-elles à *Epafnactes*, autre chef Gaulois dont il eft pareillement fait mention dans les commentaires de Céfar.

GIXTILUS.

BOUTEROUE n'a rapporté qu'une médaille de TIXTILOS fur laquelle il a lu TIXTILUS. Il y en a fix dans ce Recueil depuis le n° 17 jufqu'au n° 23, lefquelles ont des types différents, & font toutes de bonne fabrique. Quoiqu'on ne trouve dans les Hiftoriens aucun perfonnage

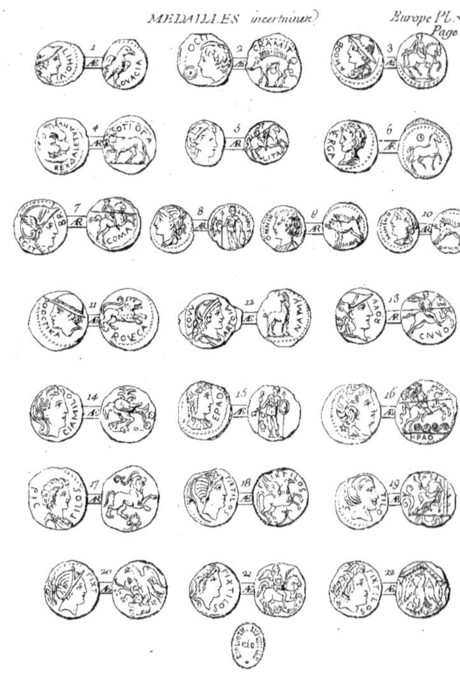

de ce nom, il y a lieu de juger que celui-ci
étoit un chef ou souverain puissant, puisqu'il
a fait frapper tant de monnoies différentes.

On ne dira rien ici des 24 autres médailles
contenues dans la Planche VI, parce que l'on
ne pourroit donner sur ces médailles, que des
conjectures encore plus hazardées que les précédentes.

P L A N C H E
V.

P L A N C H E
VI.

I T A L I E.

LES Italiens sont de tous les Amateurs de
l'antiquité, ceux qui ont le plus écrit sur les
anciennes villes de leur pays, & sur les monnoies qu'elles avoient fait frapper. La liste de
de leurs ouvrages en ce genre, seroit trop longue à donner ici, & l'on en oublieroit sans
doute plusieurs, faute de pouvoir les avoir tous.
S'il y en a qui ayent parlé de quelques-unes des
médailles que l'on donne dans ce recueil, comme non publiées, c'est qu'ils ne sont pas connus. On s'est borné à n'y comprendre que celles
que l'on croit n'avoir pas encore été publiées, &
quelqu'autres qui l'ont été, mais sur lesquelles
on a cru devoir faire quelques remarques.

ANCONE.

LA premiere de cette planche, qui eſt de la ville d'*Ancone*, ayant un port ſur le golfe Adriatique, a été rapportée par Goltzius. Elle repréſente un bras courbé. C'eſt la figure de l'endroit de la côte où cette Ville eſt ſituée, qui forme une eſpece de coude, dont elle a pris ſon nom.

A l'occaſion de cette médaille, on obſerve que pluſieurs autres villes anciennes, marquoient ſur leurs monnoies la figure des choſes dont elles portoient le nom : telles ſont les médailles qui feront ci-après rapportées de la ville de *Cardia*, qui a pour type ou ſymbole, un cœur ; les iſles *Cleides* qui repréſentent une clé; *Rhodes*, une roſe, &c : c'étoit ce qu'on appelle aujourd'hui des *Armes parlantes*.

AESERNIA.

LA médaille, n°. 2, de la ville d'*Aeſernia* differe, par le type, de celle qui a été publiée par Maïer & Beger. Dans le cabinet de Theupolo, il y en a une à peu près ſemblable, qui n'a que les lettres.... SERN... d'un côté, & VOLKANON. de l'autre côté. De-là on a mal-à-

ACERRAE. e Médaille en caracteres Etruſques. Ville de la Campanie, publiée par Mazzochi &c.

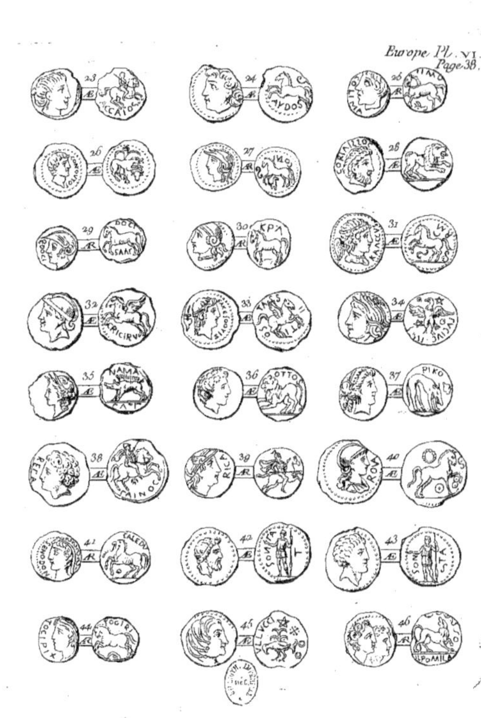

propos attribué cette médaille aux peuples d'I-
talie appellés *Volsci*.

ACILIUM.

ON ne trouve point qu'il en ait été publié
aucune jusqu'à présent de la ville d'*Acilium*,
dont sont les médailles, n₀. 3 & 4. Cette Ville
étoit située dans le pays des *Venetes*, aujourd'hui
les *Vénitiens*, & l'on croit que c'est celle qui
est présentement appellée *Azolo* dans le Trévi-
san.

ALBA.

IL y a dans le cabinet de Pembrock, une
médaille pareille à celle du n°. 5. On ne sait à
laquelle des villes qui portoient le nom d'*Alba*,
elle appartient. Il y en avoit plusieurs de ce
nom. On juge cependant qu'elle doit être attribuée à l'*Alba* située sur le bord du lac Fucin,
plutôt qu'à toute autre.

AQUINO.

LA médaille, n°. 6 (*), est de la ville d'*A-
quinum* dans la Campanie. On n'a point de

(*) Cette médaille est aujourd'hui dans le cabinet du duc de
Noïa, à qui elle a été cédée.

J'en ai acquis depuis une
Semblable, et une autre ou le
nom de cette Ville est ecrit
ACVINO. un C. pour un Q

BASTA. ΓΥΒΑΣΤΕΙΝΩΝ. Voyez cy après p. 7?.

BARIS
BRVTTII
BRVNDVSIVM } on a beaucoup de ces medailles qu'on s'est dispensé
de rapporter parceque la pluspart sont communes
et connües.

N.ª une des Bruttiens en caracteres Pheniciens. S. III. p. 9?.

connoissance qu'il en ait été publié aucune de cette Ville.

ARPI.

CELLE du n°. 7, est de la ville d'*Arpi*, dans la Pouille. Goltzius, Beger & autres, en ont rapporté plusieurs autres de cette Ville, mais aucune qui soit d'argent, & qui ait le type de celle-ci. *Autre S. IV. p. 30.*

GRAVISCÆ.

ON ne peut attribuer qu'à la ville de *Graviscæ* en Etrurie, les médailles, nos. 8 & 7. Les trois globules que l'on y voit, marquoient la valeur de la piece relativement à l'as Romain. C'est ce qui se voit pareillement sur les médailles de plusieurs autres villes d'Etrurie, de la grande Grece, & même de Sicile.

A l'égard des lettres KPH. qui se trouvent sur la premiere avec les lettres ΓΡΑ. premieres du nom de la Ville, il semble qu'elles pourroient désigner l'origine des habitants de *Graviscæ*, dont les ancêtres seroient venus de Crete s'y établir; mais il est plus apparent qu'elles sont le commencement d'un nom de magistrat; & ce qui le fait juger, ce sont les lettres ΘΕΟΛ. qui sont su

fur la feconde médaille toute femblable d'ailleurs à la précédente.

HERACLEA.

CELLE, n°. 10, de la ville d'*Héraclée*, a
été publiée par Goltzius & Paruta, qui y ont
lu, faute d'attention, ainfi que dans les autres
de la même ville qu'ils ont rapportées, ΗΡΑΚΛΗΤΩΝ
au lieu de ΗΡΑΚΛΗΙΩΝ. Le P. Hardouin les a
attribués à l'*Héraclée* d'Acarnanie, à caufe des
noms de Magiftrats qui fe trouvent fur quelques autres médailles de même fabrique, &
qu'on ne voit, dit-il, fur aucune des autres
villes du nom d'*Héraclée*; en quoi il s'eft trompé, comme on le fera voir plus particuliérement dans la fuite. Spanheim & Liébe prétendent de leur côté que cette médaille appartient
à l'*Héraclée* de Sicile. Ils parlent les uns & les
autres de Minerve Χαλκι'οικος, à l'occafion des lettres ΚΑΛ qu'ils ont cru voir fur quelques-unes.
Havercamp eft d'un autre avis, eftimant que
ces lettres défignent que la ville étoit une colonie des Chalcidéens. Mais il y a fûrement fur
la médaille, n°. 11, ΚΑΛ non pas ΧΑΛ & felon
toutes les apparences ce font les premieres lettres d'un nom de Magiftrat, de même que les

Peuples & Villes. I. Partie.   F

Autres medailles d'Heraclée S. III. p. 85.

lettres ΑΟΑ dans la médaille précédente, n°. 10. Ce qui démontre au surplus qu'elles font de l'*Héraclée* d'Italie, c'eft qu'elles fe trouvent dans la contrée où cette ville étoit fituée, & qu'elles reffemblent, non-feulement par la fabrique, mais encore par le type, à des médailles de *Tarente*, dont *Héraclée* étoit une colonie.

Liébe eft le premier qui ait obfervé la marque d'afpiration ⊢ qui précede la lettre H premiere du nom de la ville, fur prefque toutes les médailles qu'elle a fait frapper; marque qui n'a point été apperçue, ou qui a été négligée par ceux qui ont parlé des médailles de cette ville.

Celle du n°. 12, qui n'a point été publiée, au lieu de la légende entiere ⊢ΗΡΑΚΛΗΙΩΝ, n'a que la feule lettre H précédée de la marque ⊢,

THURIUM.

Parmi les médailles de la ville de *Thuriæ*, *Thurii* ou *Thurium*, qui ont été publiées, on ne trouve point les deux qui font ici rapportées, n°s. 13 & 14. Cette ville qui étoit fituée fur le golfe de *Tarente*, ainfi que celle d'*Héraclée*, fut enfuite appellée *Copiæ* ou *Copia*. On en a des médailles fous ce dernier nom, qu'elle porta

pendant quelque temps , comme il fera marqué ci-après.

HIPPONIUM.

L A médaille, n_o. 15 , eft de la ville d'*Hippo* ,
ou *Hipponium* qui fut enfuite appellée *Vibo*, *Vibo Valentia*, & *Valentia* fimplement. On en a
auffi des médailles fous ce dernier nom. Le
culte de Proferpine y étoit établi d'une façon
finguliere, & il y auroit lieu de croire que ce
feroit fa tête qui eft repréfentée avec la légende ΣΩΤΕΙΡΑ, fur la médaille de ce numéro, fi elle
n'étoit pas couverte d'un cafque. Proferpine
étoit auffi bien que Pallas & Diane, révérée
en différents pays fous le feul titre de ΣΩΤΕΙΡΑ.
Elle avoit un temple fous ce titre en Laconie ;
& elle eft repréfentée avec le même titre fur
des médailles de Sicile & de Cyzique. Ce qui
la faifoit tant révérer à *Hippo* , c'eft que l'on
croyoit qu'elle étoit venue de Sicile cueillir des
fleurs dans les champs des environs de cette
ville qui en produifoient en abondance. De-là
les matrones du lieu étoient obligées d'y aller
cueillir elles-mêmes les fleurs dont elles fe pa-
roient les jours de fêtes , & elles n'auroient pu ,
fans blâme & fans honte , en porter qu'elles auroient achetées.   F ij

CÆLIUM.

LES médailles, n°s. 16 & 18, n'ont point été publiées. Haym en a rapporté une à peu-près femblable à celle du n°. 17; & il a prétendu qu'elle étoit de la ville de *Cælina*, dans l'Etat de Vénife. Mais s'il avoit fait attention aux globules qui font au-deffus de la tête de Pallas, il ne l'auroit pas vraifemblablement attribuée à cette ville ; n'y ayant que des médailles de la grande Grece & de Sicile, fur lefquelles l'on trouve ordinairement de ces globules, qui marquoient leur valeur relativement à l'As Romain, comme on l'a déja obfervé. Ainfi il n'y a point de doute que ces médailles n'appartiennent à la ville de *Cælium* dans la Pouille.

CALES.

PRESQUE tous les Antiquaires ont parlé des médailles de la ville de *Cales*, dans la Campanie. Elles font communes en argent & en bronze, mais on n'en avoit point encore vu en or. Il y en a une dans cette collection, qui, avec la tête de Minerve d'un côté, repréfente de l'autre côté, une Victoire fur un char attelé de deux chevaux.

CAPOUE.

Planche VII.

On ne rapporte point ici de médailles de Capoue : elles ſont communes avec la légende en caracteres Oſques, ſavoir, [Oscan characters], qu'on prononce *Capu.* Goltzius & Beger ont cru voir ΚΩΩΣ dans cette légende Oſque, & conſéquemment ils ont attribué mal-à-propos ces ſortes de médailles à l'iſle de *Cos.*

CAVLONIA · plusieurs médailles d'argent.

COPIA.

Les deux médailles de *Copia*, nos. 19 & 20, n'ont point été publiées : cette ville s'appelloit auparavant *Thurium* ou *Thuriæ*, comme on l'a déja obſervé. Les Romains auxquels elle ſe ſoumit y envoyerent une colonie, & lui donnerent le nom de *Copiæ*, ſelon Strabon, Etienne de Byzance & Tite-Live. Il y a cependant *Copia* ſur les deux médailles ici rapportées qui ne peuvent être référées à une autre ville, à cauſe des globules qui y ſont marqués. Il paroît qu'elle ne conſerva pas long-temps le nom de *Copia*, ou *Copiæ*, & qu'elle reprit bientôt ſon ancien nom. Tite-Live, après en avoir parlé ſous celui de *Copiæ*, l'appelle enſuite *Thuriæ*, ainſi que Cicéron qui la nomme *Thurii.*

CORFINIVM · S. III. p. 79

COSA · médaille d'or.

CROTONE.

DANS les Mémoires de l'Académie des Inscriptions & Belles-lettres, M. de Boze a rapporté plusieurs médailles de *Crotone*, qui avoient déja été publiées, & sur lesquelles il a fait des remarques. On ne donne ici la premiere de cette planche VIIIe que par rapport à la singularité de sa fabrique. Les ornements qui accompagnent la figure du bœuf, n'étoient gueres d'usage sur des médailles d'une haute antiquité. L'ancien caractere ϙ. qu'on voit sur beaucoup d'autres de cette ville, est aussi formé sur celle-ci d'une façon tout-à-fait extraordinaire.

La médaille, n°. 22, ressemble entiérement à celles que Goltzius a publiées avec la légende ΜΑΡΟΚΕΦΑΛΟ. Il les a attribuées, ainsi que le P. Hardouin après lui, à des peuples appellés *Macrocephali*, qui habitoient un pays au-delà de la Cappadoce. Il n'est pas vraisemblable que ces peuples barbares ayent fait frapper de pareilles médailles, dont on présume que les légendes ont été mal lues. Il n'y a sur celle qu'on rapporte ici que le monogramme Ϙo. lequel contient les trois premieres lettres du nom de *Crotone*, & il paroît par ce monogramme, &

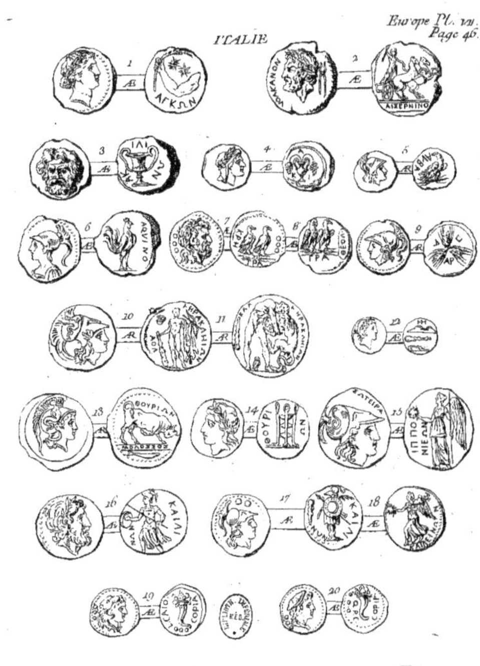

ITALIE
Europe Pl. VII.
Page 46.

par la fabrique de la médaille, qu'elle eſt d'un
temps fort poſtérieur.

CUMES & LITERNUM.

LE P. Hardouin prétend que Goltzius s'eſt
trompé en référant à la ville de *Cumes* d'Italie,
les médailles qu'il a publiées avec la légende
ΚΤΜΑΙΩΝ, parmi leſquelles eſt compriſe celle du
nº. 23, ici rapportée. Il veut qu'elles ſoient de
la ville de *Cume* d'Æolie. Mais cette médaille
ne reſſemble en rien à celles de cette derniere
ville, dont il ſera fait mention dans la ſuite; &
la tête du revers, que quelques-uns croyent
être de la Sibylle de *Cumes*, eſt toute ſemblable
à celles que l'on voit ſur les médailles de Naples. Quant à ce qu'il dit touchant le poiſſon
teſtacée qui y eſt repréſenté, la pêche pouvoit
s'en faire ſur la côte de *Cumes* en Italie, auſſi
bien que ſur la côte de *Cume* en Æolie. De
plus, la Campanie étoit un pays très-fertile, &
c'eſt ce que déſigne le grain de blé qui eſt ſur
cette médaille.

Celle, nº. 24, qui n'a point de légende, &
qui n'a point été publiée, eſt attribuée à la même ville, tant par rapport au type de la gre-
nouille renverſée qui ſe voit de même ſur une

autre médaille de *Cumes*, publiée par Goltzius, que par rapport au globule, qui y eſt marqué, & qui déſignoit la valeur de cette petite monnoie. Il y avoit près de la ville de *Cumes*, un grand marais qui ſans doute abondoit en grenouilles.

La médaille, n°. 25, reſſemble entiérement par le type, par la forme & par la fabrique à celles de Naples, de *Nuceria*, de *Sueſſa* & d'autres villes de la Campanie. Ainſi il n'y a pas lieu de douter qu'elle ne ſoit de la même contrée. On l'attribue à la ville de *Cumes*, dont le nom étoit écrit communément *Cumæ* par les Latins, & ſouvent auſſi *Cume*, comme il l'eſt en caracteres étruſques ſur cette médaille (*) mais après les lettres ƎMVꓘ , il y a celles-ci ꟽVNⳆƎTⱽ, que l'on ne peut rendre que par LITERNUM. Il n'eſt pas extraordinaire que la lettre I manque dans le mot Etruſque ; les voyelles étant ſouvent omiſes dans les mots de cette langue, & particuliérement la voyelle I, comme J. B. Bianconi l'a obſervé. On n'a point connoiſſance qu'il ait été publié de médailles Etruſques de la ville de *Cumes*, ni aucune autre en pareils

(*) M. le Comte de Caylus a rapporté dans ſes Antiquités Etruſques, Tom. V. cette médaille avec les obſervations qui y ſont jointes.

caractères

LARINVM. *médailles aſſez communes dont la pluspart ont été publiées.*

caracteres qui contiennent les noms de deux
villes enfemble. Celles de *Cumes* & de *Liternum*
étoient voifines, & dans prefque tous les Auteurs, il n'eft gueres parlé de l'une, fans faire
mention de l'autre. Il y a apparence qu'ayant
fait alliance entr'elles, pour marque de leur
union elles firent battre des monnoies communes avec leurs noms, comme l'on en voit plufieurs d'autres villes Grecques avec les noms de
deux, & même de trois villes, auxquels noms
le mot OMONOIA eft ajouté le plus fouvent.

L O C R I E N S - Epizéphyriens.

AVANT que de parler des médailles des *Lo-*
criens d'Italie, l'on croit devoir obferver qu'il y
avoit trois peuples différents qui portoient le
nom de *Locriens*, & qui, quoique féparés les
uns des autres, avoient la même origine, fuivant quelques Auteurs. Ils étoient diftingués
par des furnoms & par les différentes contrées
qu'ils habitoient. Il ne s'agira ici que de ceux
qui étoient établis dans la grande Grece. On
remet à faire mention des autres, quand on
rapportera les médailles des lieux qu'ils habitoient dans la Grece.

Peuples & Villes. I. Partie.   G

PLANCHE VIII.

LANDINA. (y après p. 74.

Les *Locriens* d'Italie étoient furnommés *Epizephyriens*, à caufe du promontoire *Zephyrium*, dont ils étoient voifins. Spanheim, le P. Hardouin & Liébe qui rapportent des médailles à peu-près femblables à celles du n°. 26 de cette planche, prétendent qu'elles appartiennent aux *Locriens* furnommés *Ozoles*, habitant une contrée de la Grece appellée *Locride* de leur nom, & fondent leur opinion fur ce que l'on voit fur ces médailles les lettres ᴺᴱ qui font dans les unes fous la tête de Jupiter, & dans les autres au milieu du champ du revers. Ils croient que ces lettres y ont été mifes pour ɴᴇɴᴋᴏᴘɴᴎ, & ils en jugent ainfi, parce que Goltzius a vu ou cru voir ɴᴇɴᴋ, fur une pareille médaille qu'il a rapportée. Mais ils n'ont pas fait attention qu'elles ne reffemblent en aucune façon aux médailles que l'on a des *Locriens* de Grece, & qu'au contraire elles reffemblent par leur forme, matiere & fabrique à d'autres médailles qu'ils ont reconnues pour appartenir aux *Locriens-Epizéphyriens*. Il n'y a d'ailleurs aucune apparence que les lettres ᴺᴱ jointes enfemble en forme de monogramme, & placées comme elles le font fur les médailles en queftion, fe rapportent au mot ʌᴏᴋᴘɴᴎ. De plus

l'on n'a point d'exemple que dans tout le pays
où les *Locriens-Ozoles*, étoient établis, aucun
peuple ait pris le titre de *Néocore*.

Les Antiquaires ne font pas plus d'accord fur ce que les deux figures de ces médailles repréfentent. Les uns veulent que celle qui eft debout, foit la vertu, & les autres que ce foit la foi défignée par le mot ΠΙΣΤΙΣ de la légende. Spanheim dit que la figure, qui eft affife, tient de la main gauche deux javelots; Liébe, que c'eft une épée dans fon fourreau, ou le *parazonium*. Le P. Hardouin marque feulement que c'eft la figure de Rome, quoiqu'elle ne foit point cafquée, comme l'eft ordinairement la figure de Rome fur les médailles. De la contrariété de fentiments qu'il y a fur celle-ci, il réfulte feulement que la véritable explication n'en eft pas conftatée, ce qui n'empêche point de reconnoître qu'elle appartient aux *Locriens* d'Italie.

La médaille, nᵒ. 27, qui ne contient que les lettres ΛΟ. pour légende, & pour type une corne d'abondance au milieu d'une couronne, n'a point été publiée. Ce qui fait connoître qu'elle doit être attribuée aux *Locriens - Epizéphyriens*, & qu'elle ne peut appartenir aux *Lo-*

criens de Grece, ce font particuliérement les globules qu'on voit du côté de la tête, & qui marquoient la valeur de la monnoie.

LUCANIENS.

LA médaille, no. 28, eft des peuples qui habitoient la contrée d'Italie appellée de leur nom *Lucanie*. On ne trouve point qu'il ait été publié jufqu'à préfent aucune médaille de ces peuples.

LUCERIA.

BEGER, Maïer & autres, en ont rapporté plufieurs de *Luceria*, ville de la Pouille, lefquelles fe trouvent dans la préfente collection, mais celle du n°. 29 n'a point été publiée.

LYCIANIENS.

IL y a des médailles connues des Brutiens qui, par le type, la forme & la fabrique font tout-à-fait femblables à celle du n°. 30, ici rapportée, laquelle eft auffi rare que finguliere par rapport à fa légende ΛΤΚΙΑΝΩΝ. On fait que le pays que les Brutiens habitoient, étoit contigu à la *Lucanie*, & qu'ils ont même été appellés *Lucaniens* par quelques Auteurs. Cette médaille donne lieu de penfer que s'étant emparés de quelque partie de la Lucanie qui leur étoit voifine, ceux qui s'y établirent, prirent, pour fe diftinguer des *Lucaniens*, un nom qui avoit cependant du rapport avec celui de la contrée qu'ils occupoient. Au refte on ne trouve point qu'aucun Ecrivain ait fait mention de peuples appellés *Lycianiens*. S'il eft vrai que les *Lyciens* euffent étendu leurs conquêtes jufqu'en Italie, comme Strabon le fait entendre, il fe pourroit qu'ils y euffent laiffé une colonie dont les habitants auroient pris le nom de *Lycianiens*, conforme à leur origine; mais ce n'eft qu'une conjecture qui n'eft fondée d'ailleurs fur aucun autre témoignage des Anciens.

PLANCHE VIII.

MAMERTINS.

Il y a dans cette collection plufieurs médailles ayant pour légende MAMEPTINΩN, femblables à celles qui ont été publiées par Goltzius, Paruta, Beger, & autres qui les ont attribuées à la ville de *Meffine*, parce que les *Mamertins* de la grande Grece ayant paffé en Sicile, & s'étant établis dans cette ville, de force,

METAPONTVM. *Ville dont les médailles font nombreufes.*

MVRGANTIA. S. III. p. 95.

PLANCHE
VIII.

selon les uns, de gré, selon les autres, convinrent avec les *Messinois* qu'ils porteroient tous à l'avenir le nom de *Mamertins*; mais comme ces médailles, pour le plus grand nombre, ressemblent par les types & par la fabrique à celles des Brutiens, il y a lieu de croire qu'avant le passage des *Mamertins* en Sicile, elles furent frappées dans la ville de *Mamertium*, laquelle étoit située, selon Strabon, dans le pays des Brutiens.

NAPLES.

ON ne rapporte point ici de médailles de Naples, parce qu'elles sont communes, & que tous les Antiquaires en parlent. Mais comme cette ville est une des premieres de ce recueil, dont les médailles représentent un bœuf à tête humaine, avec des cornes au-dessus du front, l'on croit devoir à cette occasion rapporter ce que les Antiquaires ont pensé au sujet de ce type. Les plus renommés, comme Spanheim, Vaillant, Beger & autres, ont jugé qu'il représente le minotaure, quoique de la maniere dont en parlent les anciens Auteurs, tels que Diodore de Sicile, Hygin & Apollodore, sa vraie figure étoit un corps humain avec une

N.a. cette question a été agitée postérieurement par trois autres auteurs celebres, Sçavoir par M. Burman dans Ses commentaires Sur les médailles de Sicile; par M. Ignara dans la Palæstra Neapolitana et par M. le Prince de Torremuzza en differents ouvrages et particulierement dans Sa troisieme addition au receuil de Parula. le premier avoit jugé que le taureau a face humaine qu'on voit Sur les medailles de Villes represente es fleuves Sur les quels ou près des quels ces villes étoient Situées. M. Ignara a prétendu de Son coté que cette figure de taureau avec une tête humaine ne represente aucun autre Fleuve que l'Acheloüs Sous le nom duquel les anciens utendoient la vertu ou la force de toutes les eaux qui Sécondent la terre et il ne Sait pas même difficulté l'appeller medailles Acheloïennes toutes celles qui contiennent le type dont il S'agit. M. le Prince de Torremuzza a adopté l'opinion de M. Burman, en y ajoutant des exemples de l'usage où etoient les anciens de representer les Fleuves Soit Sous des figures d'homme avec des cornes au dessus du front, Soit Sous la forme d'un taureau a face humaine, et il allègue comme argument péremptoire contre le Sisteme de M. Ignara, qu'il n'est pas possible de reconnoitre le Fleuve Acheloüs Sur les médailles de Sicile où avec les types Sont inscrits les noms des Fleuves voisins des Villes qui ont Fait frapper ces medailles.

tête de taureau. Le P. Hardouin ne nomme pas
autrement que *Minotaure* le bœuf à tête humaine que l'on voit fur plufieurs médailles de différentes villes de la grande Grece & de Sicile.
Il obferve cependant que c'eft un fymbole
qui défigne feulement que les bœufs fervent
utilement à la culture des terres. Pighius,
Wachterus & quelques autres modernes, ont
réfuté le fentiment de ceux qui reconnoiffent
le minotaure dans la figure du bœuf à tête humaine. Ils prétendent que c'eft un fymbole de
colonie, & tout ce qu'ils alleguent de plus, n'eft
qu'une extenfion à la conjecture du P. Hardouin. Mais il paroit qu'aucun d'eux n'avoit
connu de médailles où le minotaure fut repréfenté avec un corps humain & une tête de taureau, tel qu'on le voit dans un des beaux ta-
bleaux trouvés à Herculanum. Il en fera rapporté trois ci-après ; favoir, deux d'Athenes,
fur lefquelles on voit Théfée qui combat le
minotaure fous la figure d'un homme ayant
une tête de taureau ; & une de la ville de Cnoffe,
où il eft repréfenté feul en face, fous la même
figure avec le labyrinthe au revers (*).

PLANCHE
VIII.

(*) Cette médaille eft celle de | fon Effai d'une Paléographie nu-
M. de Gravelles, qui eft rapportée | mifmatique.
par M. l'Abbé Barthelemy, dans |

NOLA. On en a dans cette collection deux médailles d'argent.

NUCERIA.

L A médaille, nᵒ. 31, qui a pour légende ΝΟΥΚΡΙΝΩΝ a été publiée par Goltzius & autres. Elle reſſemble par la forme, le type & la fabrique aux médailles Carthaginoiſes, ce qui fait juger qu'elle a été frappée à *Nuceria* dans la Campanie, après la priſe de cette ville par Hannibal. Il eſt cependant marqué dans l'hiſtoire qu'elle fut brûlée & détruite par ſes ſoldats : elle fut abandonnée au pillage, parce que les habitants qui, faute de vivres, avoient été obligés de ſe rendre, ne voulurent point enſuite ſe ſoumettre aux conditions du vainqueur, & ſe retirerent dans les villes voiſines. Bientôt après elle fut rétablie, ſans qu'il ſoit dit par qui, ni comment : elle ſubſiſte encore aujourd'hui ſous le nom de *Nocera.*

La médaille, nᵒ. 32, qui a pour légende ΝΟΥΚΡΙΝ ΓΑΥΡΟΥ, n'a point été publiée juſqu'à préſent : elle eſt finguliere par rapport au mot ΓΑΥΡΟΥ ajouté au nom de la ville. On ſait qu'il y en avoit pluſieurs en Italie qui portoient le nom de *Nuceria.* Elles avoient toutes des ſurnoms pour les diſtinguer les unes des autres. Celle qui étoit ſituée ſur le Pô, étoit appellée
Nuceria

Nuceria Cispadana ; une autre dans la Pouille étoit appellée *Nuceria*, ou *Luceria Dauniorum vel Apulorum* ; une troisieme dans l'Ombrie étoit surnommée *Camelana* & *Favoniensis* ; enfin celle de la Campanie dont il s'agit ici , portoit le surnom d'*Alfaterna*. Les anciens Ecrivains qui en parlent, ne lui en donnent point d'autres. Cependant dans la présente médaille elle est désignée d'une autre façon par le mot ΓΑΥΡΟΥ, c'est-à-dire, par la montagne appellée *Gaurus*, au pied de laquelle cette ville étoit située.

La même ville est surnommée *Alfaterna* dans la médaille Etrusque , n°. 33. On y lit bien distinctement ᴍᴠɴɪ◁ꓘƎᴠɴ au-dessus du lévrier. A la suite de ce mot, l'on apperçoit les lettres ᴛᴧꟼᴠᴧ qui ne sont pas si bien conservées. Dans le reste de la légende qui est sous le chien, l'on ne distingue bien que les suivantes ᴍᴠɴᴧ qui la terminent.

Cette médaille appartient sans difficulté à la ville de *Nuceria* surnommée *Alfaterna* , qui l'avoit fait frapper , avant les deux précédentes, dans un temps où la langue Grecque ne s'y étoit pas encore introduite. Gori dans son *Museum Etruscum* a rapporté deux médailles semblables sur lesquelles il dit avoir

lu ΜΥΝΙΔΚΡΥΝ, sans parler du reste de la légende qui y manquoit apparemment, ou qu'il n'a
pu lire. La lettre ꟼ des médailles de Gori avoit
chez les Etrusques la même valeur que la lettre ꟻ de la médaille de ce nº. Quoique ces lettres différent par leur forme, elles avoient l'une
& l'autre le son à peu-près du digamma Æoli-
que. Les Latins auxquels le son de cette lettre
étoit étranger, la supprimerent vraisemblablement du nom de la ville qu'ils appellerent d'a-
bord *Nucrinum* & ensuite *Nuceria*.

PÆSTUM.

LA médaille, nº. 34, qui a pour legende ꟼΑΙΣ,
n'a pas été publiée. Parmi d'autres de cette collection qui ont la même légende, il y en a une
semblable à celle qui a été rapportée par Haym,
& qu'il a attribuée à la ville de *Pæsus* en Mysie
faute d'attention, les globules qui y sont marqués, faisant assez connoître qu'elle doit être
de la grande Grece ou de Sicile. C'est pourquoi
elle appartient à la ville de *Pæstum* renommée
par les roses que l'on y cultivoit, & qui étoient
fort estimées à Rome. Cette ville située en Lucanie étoit appellée *Posidonia* par les Grecs qui
l'habitoient avant qu'elle fût devenue colonie
Romaine; & c'est sous ce nom-là qu'elle fai-

foit alors fabriquer les monnoies dont il fera
parlé ci-après.

PETELIA.

LA ville de *Petelia* de laquelle font les cinq
dernieres médailles de cette Planche, étoit confidérable, & même la principale des Brutiens,
felon quelques Auteurs. Auffi trouve-t-on beaucoup de médailles de cette ville avec des types
différents. Celles qu'on rapporte ici n'ont pas
été publiées.

PISAURUM.

LA premiere médaille de cette planche eft
de *Pifaurum*, ville de l'Ombrie, qui fubfifte
encore aujourd'hui fous le nom de *Pefaro*. Goltzius en a publié une de cette ville qui, comme celle-ci, contient le type fingulier de Cer-
bere, mais qui repréfente la tête d'Hercule de
l'autre côté. L'abbé Olivieri, dans une lettre
imprimée qu'il a adreffée à M. l'Abbé Barthelemy, fait mention des médailles Grecques de
Pefaro, qu'il dit être fort rares.

POSIDONIA.

IL y a dans cette collection des médailles de

P L A N C H E
V·III.

P L A N C H E
IX.

H ij

PLANCHE
IX.

la ville de *Posidonia*, appellée ensuite *Pæstum*, ainsi qu'on l'a déja marqué, lesquelles ont été publiées. Sur la plûpart la légende est ΠΟΜΕΣ où l'on voit la lettre Σ couchée comme si c'étoit une M (*). Cette lettre est figurée de même sur quelques médailles de la ville de *Sybaris*, qui n'ont que les lettres ΥΜ pour légende, ce qui a fait croire à quelques Antiquaires qu'elles appartenoient aux peuples de l'Ombrie. Goltzius, Spanheim & Beger ont attribué aussi, faute d'attention, à la ville de *Posidonia*, des médailles de Maronée en Thrace, parce qu'ils ont vu sur quelques-unes autour d'un sep de vigne ΠΟΣΙΔΙΠΠΟΣ & ΠΟΣΙΔΟΝΙΟΣ, qui sont des noms de Magistrats.

RHEGIUM.

LE P. Panel qui a rapporté une médaille pareille à celle du n°. 41, a marqué qu'il ne savoit à quelle ville l'attribuer. D'autres ont cru que la légende RECI étoit pour *Rici*, & qu'elle appartenoit à la ville de *Ricina* du *Picenum*. Mais il y a toute apparence que RECI est pour REGI, & que cette medaille a été frappée dans la ville de

(*) Ces mêmes remarques ont été faites par M. l'Abbé Barthelemy, (Mém. de l'Acad. des Belles-Lettres, Tom. XXVI. p. 546).

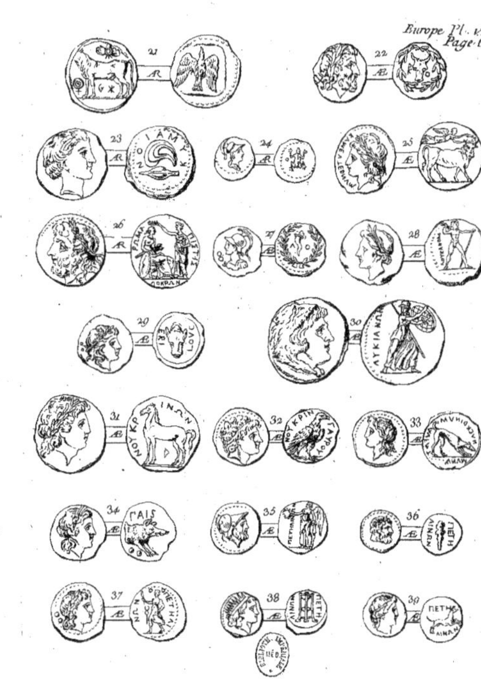

Rhegium, lorfque devenue colonie Romaine, la langue latine s'y introduifit. Elle reffemble tant par la forme & la matiere que par la fabrique & le type, à la médaille fuivante, n°. 42, qui n'a que les lettres grecques P H pour légende, & qui eft reconnue pour appartenir inconteftablement à la ville de *Rhegium*, dont on a beaucoup d'autres médailles qui font communes.

P L A N C H E
I X.

R O M A N O.

DE toutes les médailles qui fe trouvent dans la préfente collection, attribuées à la ville de Rome, on ne rapporte ici que les deux n°°. 43 & 44, toutes les autres ayant été publiées. Beger a jugé que les médailles d'argent qui, comme la premiere, ont pour légende ROMANO, & particuliérement celles qui ont pour type un cheval, ou une tête de cheval, avoient été frappées à Rome. Elles paroiffent cependant de fabrique Carthaginoife, ainfi que celles de bronze qui ont les mêmes types & les mêmes légendes. Les unes & les autres peuvent avoir été frappées à Syracufe, où ces fortes de médailles fe trouvent. Mais de favoir à quelle occafion & dans quel temps, c'eft une queftion qu'on n'entreprend pas de décider. Les explications que Beger a tenté de donner sur les types & sur les têtes qu'elles représentent, ne sont point satisfaisantes.

PLANCHE IX.

SALAPIA.

LES médailles, n°ˢ. 45, 46 & 47, sont de la ville de *Salapia* dans la Pouille. La première est la seule qui ait été rapportée par le P. Hardouin, les deux autres n'ont point été publiées. La troisieme qui a pour légende ΣΑΛΠΙΝΩΝ, au lieu de ΣΑΛΑΠΙΝΩΝ, comme les précédentes, fait connoître que cette ville appellée communément *Salapia*, porta aussi par contraction le nom de *Salpia* ou *Salpe*. Appien l'appelle *Salpia*, & Frontin, parlant de son territoire, le nomme *Ager Salpinus*.

La légende de cette médaille mal conservée n'a pas été bien lüe. elle est de la ville d'Hipponium, comme je l'ai marqué dans l'avertissement n. vij du 3°. S. je l'avois prevû dans les corrections

SIRIS. *Voyez S. III. p. 88.*

SIPUNTUM.

SIPUNTUM étoit aussi une ville de la Pouille dont la médaille, n°. 48, ici rapportée est peut être unique. On n'a point connoissance qu'il en ait été publié aucune de cette ville.

SUESSA.

ON en a plusieurs de *Suessa*, ville de la Campanie,

STABIAE. *Cy après p. 71.*
SYBARIS. *médailles deja publiées.*

panie, lesquelles ont, pour la plûpart, été publiées. Mais celle du n°. 49, qui a au revers
ΠΙΚΕΟVΜ, avec la tête de Mercure, ne l'a pas été.
Dans le cabinet de Pembrock, il y en a une semblable sur laquelle on a lu ~~ΑΚΒΟVΜ~~. ΑΚΒΟVΜ.

TEANUM.

M. L'ABBÉ Mazocchi, dans une differtation
fur l'origine des Thyrrhéniens, a publié une
médaille reffemblante à celle du n°. 50 (*), &
à une autre pareille de cette collection, lefquelles ont pour légende ꓤVИꓵΑΤ. Il a lu fur
la fienne VИꓵꓵT, c'eft-à-dire, *Taanu*, & il
l'a attribuée à la ville de *Teanum* de la Campanie.
Il avoue qu'il y avoit peut-être une lettre à la
fin de la légende, mais que s'il y en avoit eu
une, elle étoit effacée.

Outre la lettre ꓤ qui termine le mot dans la
médaille ici rapportée, la feconde lettre n'a point
la forme d'un И Etrufque ou Ofque, comme
dans la médaille de M. Mazocchi. Elle reffemble
entiérement au *lambda* grec ʌ que l'on met communément dans les alphabets Etrufques au nombre de celles qui répondent à la lettre ʟ latine.

(*) Cette médaille a été inférée par M. le Comte de Caylus dans
le V. vol. de fes Antiquités Etrufques, avec les remarques fuivantes.

PLANCHE
IX.

Les Savants d'Italie qui ont écrit sur les caracteres de cette langue, ne sont pas tous d'accord sur la valeur que doit avoir cette lettre ʌ dans les inscriptions & autres monuments Etrusques où elle se trouve. Le Marquis Maffei, entre autres, l'a mise au rang des incertaines.

S'il y avoit une barre ou trait transversal, comme dans la lettre ʌ, il n'y auroit point de difficulté, les Etrusques ayant souvent employé l'ʌ à la place du caractere ᴨ dans leur écriture. Peut-être que cette voyelle ʌ sans barre, au milieu avoit un son différent, & plus doux que celui des caracteres ʌ & ᴨ, de sorte que les lettres ᴨʌᴛ étoient prononcées à peu-près comme *Tea*, d'où les Latins avoient appellé la ville en question *Teanum*, & non pas *Taanum*.

La lettre я qui, avec un jambage fort court, ressemble à l'ancien *rho* Grec, avoit aussi, selon les apparences, un son ou valeur différente de la lettre ᴅ Etrusque. Celle-ci étoit prononcée, suivant Gori, comme l'ʀ latin & le ᴘ grec, au lieu que le son du caractere я Etrusque approchoit de celui du ᴅ latin. C'est pourquoi les anciens Romains disoient en leur langage grossier *Arvorsus*, au lieu d'*Adversus*, *Arvolare*, au lieu d'*Advolare*, &c. mais sans prétendre rien décider

décider fur la valeur de ces lettres ᴀ & ꓯ, on
peut feulement affurer que l'une & l'autre fe
trouvent dans les légendes des deux médailles
de cette collection.

TARENTE.

LA médaille, n°. 51, de la ville de *Tarente*,
qui repréfente d'un côté la tête de Minerve cafquée, & de l'autre côté une chouette avec les
lettres ᴛᴀᴩ à droite, & ᴀⵁʜ à gauche, fe trouve dans le Recueil des médailles gravées de
Pembrock, avec la différence qu'on y a lu Ꞁᴏᴩ,
au lieu d'ᴀⵁʜ.

Les deux fuivantes, nᵒˢ. 52 & 53, reffemblent entiérement à la précédente, tant par la
tête de Minerve, & par le type de la chouette,
que par leur matiere, leur forme & leur fabrique. Il n'y a pas lieu par conféquent de douter
qu'elles ne foient toutes trois de Tarente, dont
le nom eft en abrégé fur la premiere, & prefque
entier fur la feconde. La légende de la troifieme contient feulement un nom de magiftrat.

On ne rapporte ici que ces trois médailles de
Tarente qui n'ont point été publiées, les autres
de cette collection étant peu différentes de celles
qui l'ont été ; & l'on obferve qu'elles défignent

Peuples & Villes. I. Part.   I

autres medailles en or et en
argent de Tarente S. II. p. 1.
S. IV p. 23 et 29. et L. I.

Ces deux medailles d'argent
Nᵒˢ 51. et 52. qui ont pour type
d'un coté la chouette et de l'autre
la tête de Minerve, font
connoître que celle d'or qui a
le même type et que j'ai
rapportée a la ville d'Athenes,
est de la ville de Tarente.

Outre ces trois medailles, il y en
a une quatrième toute femblable,
parfaitement confervée qui a pour
legende ΣΩΣ. Je penfe que ces
trois lettres foit les premieres
du mot ΣΩΣΙΠΟΛΙΣ, qui
fignifie, confervans urbes. Cette
fignification particuliere est
différente de celle de ΣΩΤΕΙΡΑ
qui est plus generale. C'est la feule
medaille connuë jufqu'à prefent
ou ce titre fe trouve.

voyez plus bas p. 143.

Medaille d'or de Tarente S. II. p. 1.
autre d'or, L. I.
medaille d'argent des plus anciennes, S. III. p. 23.

qu'il doit y avoir eu entre cette ville & celle d'*A-
thenes* des liaisons qui leur avoient fait adopter
le culte de Minerve, & le même symbole que les
Athéniens employoient par préférence sur leurs
monnoies. On ne trouve point cependant qu'il
en soit fait mention par les anciens Ecrivains,
qui ne mettent point les Athéniens au nombre
de ceux par qui ils prétendent que *Tarente* avoit
été bâtie ou rétablie, ni au nombre des peuples
que les Tarentins appellerent à leur secours
dans les guerres qu'ils eurent à soutenir en différents temps.

TEATE.

LA ville de *Teate* qui a fait frapper la médaille, n°. 54, avec la légende TIATI, & le type d'un lion passant, n'a point été publiée, &
differe par ce type des autres de cette collection qui l'ont été. Cette ville subsiste encore
aujourd'hui sous le nom de *Chieti.*

TUDER.

IL y a aussi dans cette collection des médailles de la ville de *Tuder*, à présent *Todi* en Ombrie, qui ont été publiées, & qui ont en caracteres particuliers au pays, la légende ꓱꓷꓱ†ᴠ†,

qu'on lit *Tutere.* Beger a cru voir ιαιεαε ſur
une pareille médaille qu'il a rapportée comme
étant de la ville d'*Ilium.*

VALENTIA.

Toutes celles qui ont été publiées juſqu'à
préſent avec le nom de *Valentia*, ſont reconnues pour appartenir à la ville de ce nom, qui
étoit auſſi appellée *Vibo*, & antérieurement
Hippo ou *Hipponium*, ainſi qu'on l'a déja obſervé. Patin, Mezzabarbe & Beger avoient
prétendu qu'elles étoient de la ville de Rome, qui étoit anciennement appellée *Valentia* ; mais leur opinion en cela a été ſolide-
ment réfutée par le P. Hardouin, & par Liébe.
Celui-ci en avance une qu'on ne peut adopter ſur les noms de Magiſtrats que pluſieurs de
ces médailles contiennent. Il en rapporte deux
à peu-près ſemblables à celle du n°. 55, de
ce Recueil, ſur l'une deſquelles on lit c. LUCIEN.
c. MVNI. Q. & ſur l'autre L. CORANI. C. NVMI.Q; &
il prétend que ce ſont des noms de familles
Romaines à ajouter à la collection de Morel. Il
n'y a point d'apparence que ce ſoient là des
noms de citoyens Romains établis à Valentia,
& l'on n'en connoît point du moins qui com-

I ij

mencent par ᴀʜɪ. ni par ᴛʀɪɴɪ. que l'on voit fur

la médaille, n°. 55.

U R I N A.

Oɴ ne rapporte ici aucune médaille ayant pour légende ᴠᴅɪɴᴀ, en caracteres Ofques ou Etrufques, ces médailles qui font affez communes, ayant été publiées. Les Antiquaires conviennent qu'il faut y lire *Urina*, mais ils ne s'accordent point fur la ville qui les a fait frapper; les uns prétendant que c'eft *Hyrium* ou *Uria*, fituée dans la Pouille, & les autres que c'eft *Hyria* ou *Urie* en Calabre qui fubfifte encore aujourd'hui fous le nom d'*Oria*. Il y a lieu de croire, par rapport au type qu'elles contiennent, qu'elles font de cette derniere ville qui avoit été bâtie par lesCretois, fur-tout fi le bœuf à tête humaine, qui eft au revers de chacune, repréfente le minotaure, comme la plûpart le prétendent.

V E L I A.

Lᴇs médailles Grecques de la ville de *Velia* avec la légende ᴠᴇᴀʜᴛΩɴ, étant encore plus communes que celles d'*Urina*, on ne rapportera ici que des médailles latines que cette ville fit frapper, après avoir été conquife par les

URSENTVM. L.J.

UXENTVM. S. III. *p.* 96.

Europe Pl. IX.
Page 68.

Romains, & qui n'ont point encore été publiées. Telles font entr'autres les trois dernieres de cette Planche. Elles n'ont, au lieu de
légende, que les lettres ⱶ jointes enfemble, en
forme de monogramme. Vaillant ayant vu ces
lettres fur une autre médaille, l'avoit rangée
parmi celles de la famille *Veturia*; c'eſt une mé-
prife de fa part qui a été relevée par Haym,
lequel a jugé avec raifon que cette médaille appartenoit à la ville de *Velia* fituée en Lucanie.

P L A N C H E
IX.

MÉDAILLES INCERTAINES.
ATINUM.

P L A N C H E
X.

LA premiere médaille de cette Planche, &
deux autres toutes femblables de cette collection qui ont pour légende ATINOS, font rangées parmi celles des villes, parce qu'il y a
plufieurs lieux de ce nom en Italie, d'où elles
font venues. Mais il n'eſt gueres poſſible de
juger qu'elle eſt celle des villes appellées *Atina*
& *Atinum* qui les a fait frapper. Il paroît d'ailleurs que le mot ATINOS eſt plutôt un nom
d'homme, qu'un nom de ville. On ne fait point
au furplus à quoi peut fe rapporter le type de
ces médailles, & l'on ignore pareillement quel
eſt le perfonnage qui y eſt repréfenté avec une
longue barbe.

I Æ T I A.

ON pourroit attribuer la médaille, n°. 2 , à la ville de Sicile appellée *Iætia* , dont une autre médaille qui a pour légende ΙΑΙΤΙΝΩΝ, a été publiée par Paruta : mais ſur celle-ci & ſur quelques autres ſemblables, on lit ΙΑΙΤΟΥ. Pour qu'elles fuſſent de la même ville, il faudroit qu'elle eût été auſſi appellée *Iætos* , & que l'on pût donner aux lettres ΡΕΙ qui ſont après ΙΑΙΤΟΥ, une interprétation relative au nom de cette ville.

F A L I S C I.

IL eſt incertain ſi la médaille, n°. 3, eſt des peuples d'Etrurie , appellés *Faliſci* , ou de la ville d'Héraclée-Sintique en Macédoine. Si les lettres ΦΑ qu'on voit dans le champ ſont les initiales de ΦΑΛΕΙΩΝ , les autres lettres ΗΡΣ qui ſont au-deſſous reſtent à expliquer. Entre pluſieurs médailles de ces peuples qui ſont dans la préſente collection, il s'en trouve une qui contient auſſi d'autres lettres avec leur nom , ſavoir ΕΥ au-deſſous d'une couronne, dans laquelle eſt la légende ΦΑΛΕΙΩΝ (*). Mais ſi les lettres ΗΡΣ ſont

____
(*) On a oublié de rapporter cette médaille qui devroit être dans

les initiales de Ἡράκλεια Σιντική, dans ce cas les let-tres FA font le commencement d'un nom de ma-giftrat. On rapportera ci-après des médailles de la ville d'*Héraclée-Sintique* qui n'ont pour légen-de que les mêmes lettres HPΣ avec un nom entier de magiftrat. Mais elles différent de celle-ci par leurs types & par leur fabrique.

STABIÆ.

LA médaille, n°. 4, qui a pour légende ΣΤΑΟΨΙ, & une autre toute femblable font venues de Naples en différents temps. L'une & l'autre repréfentent d'un côté un aigle ou autre oifeau, au-deffous un petit poiffon fortant de fa co-quille qui reffemble à une corne de bélier, de l'autre côté eft la tête de Bacchus ou d'une Bac-chante couronnée de liere. On ne trouve point que le mot ΣΤΑΟΨΙ ait du rapport à aucun nom de ville, & l'on penfe que c'eft peut-être deux mots ou plutôt les premieres lettres de deux noms joints enfemble, favoir, ΣΤΑ & ΟΨΙ, & qu'ainfi les lettres ΣΤΑ font le commencement

PLANCHE
X.

une des planches précédentes. Pour réparer cette omiffion on l'a mife à la fuite des médailles incertai-nes, avec deux autres des mêmes peuples, l'une ayant la légende FAΛΕΙΩN écrite fur la tête qui y eft repréfentée, & l'autre fans lé-gende, mais reconnoiffable pour leur appartenir par la tête, par le type & par la fabrique.

de ΣΤΑΒΙΑΙ, *Stabiæ* & les lettres ΟΨΙ le commen
cement de ΟΨΙΚΩΝ. *Opsicorum.* La ville de *Stabiæ*
étoit effectivement située dans le pays habité
par les Osques appellés différemment par les
Auteurs Grecs & Latins, savoir *Osci*, *Obsci*
& *Opsci*. Ennius, entr'autres, parle d'un *Opscus*
dans les vers qui nous restent de lui.

B A S T A.

LA médaille, n°. 5, qui a pour légende
ΡΥΒΑΣΤΕΙΝΩΝ est aussi venue du royaume de Na
ples où elle a été trouvée. On reconnoît bien
à sa fabrique qu'elle a été frappée dans la gran
de Grece, mais il est difficile de juger à quel
peuple, ou à quelle ville elle appartient. On
ne connoît que les peuples appellés *Rubustini*
& la ville *Basta*, à qui elle pourroit être attri
buée.

Pline & Frontin parlent des peuples appellés
Rubustini, qui étoient établis près de *Canusium*
dans un champ qui portoit leur nom. Dans
quelques Manuscrits il est écrit *Robustini*, & dans
d'autres *Tubustini*. Il faudroit qu'ils eussent été
appellés *Rybastini*, pour que cette médaille leur
appartînt.

Il semble qu'elle peut mieux convenir à la
vill

ville de *Basta* qui étoit située en Calabre, où il
y avoit d'autres villes qui en ont fait frapper
avec le même type de la chouette & de la tête de
Minerve ; ce qui est à observer, ainsi que la lettre κ qui est au-dessus de cette tête, & les lettre αι qui sont dans le champ du revers. Si
cette médaille est effectivement de *Basta*, les
lettres ρυ qui précedent ΒΑΣΤΕΙΝΩΝ peuvent y
avoir été mises pour initiales de ρύμη *vicus*, ou
de ρῦμα *munimentum*, *sive propugnaculum*. Sur ce
pied là la légende signifieroit le bourg des Bastiens, ou la forteresse des Bastiens. La lettre κ
d'un côté, & les lettres αι de l'autre côté, sont
aussi autant de marques par lesquelles ils auroient voulu se faire distinguer, ainsi que par
le type de Minerve & de la chouette. La lettre κ désigneroit la Calabre, & les lettres αι si-
gnifieroient que Basta étoit un port de mer,
Λιμὴν ; ce qu'en effet Pline fait entendre, met-
tant Basta au nombre des villes qui étoient *in
ora*, après avoir parlé de celles qui étoient dans
le continent. Quant au type, le culte de Minerve étoit particuliérement établi dans cette
partie de la Calabre, témoin le *Castrum Minervæ*
situé tout proche de *Basta*, & les médailles de

Tarente qui repréſentent la même tête de Mi-nerve & la chouette au revers.

LANDINA.

Celles, nᵒˢ. 6 & 7, qui ont pour légende ΛΑΝΔΙΝΑ, ſont auſſi venues d'Italie en différents temps comme les autres qui précedent, & qui ſuivent. Mais on ne connoît aucune ville du nom de *Landina*, & l'on ſe diſpenſera de hazarder ici des conjectures ſur ces deux médailles & ſur les ſuivantes; celles qui viennent d'être données, n'étant peut-être déja que trop peu propres à ſatisfaire ceux qui les liront.

CÔTE D'ILLYRIE.

On comprend ſous ce titre toute la côte qui s'étend ſur la mer Adriatique depuis l'Iſtrie juſqu'à l'Epire, & l'on va rapporter ce qu'il y a dans cette collection de médailles des villes ſituées ſur cette côte.

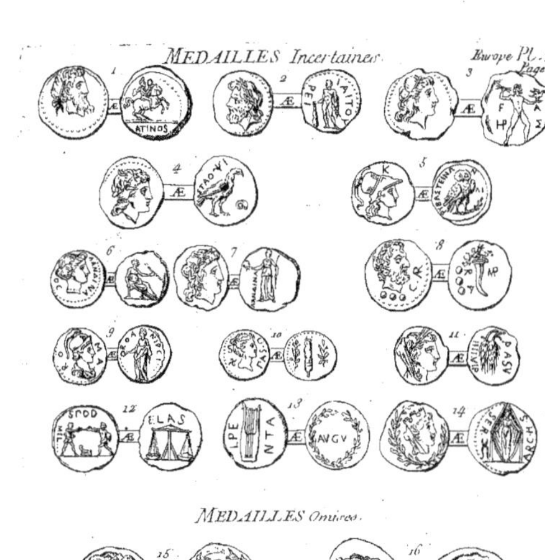

MEDAILLES Incertaines
Europe Pl. X.
Page 74

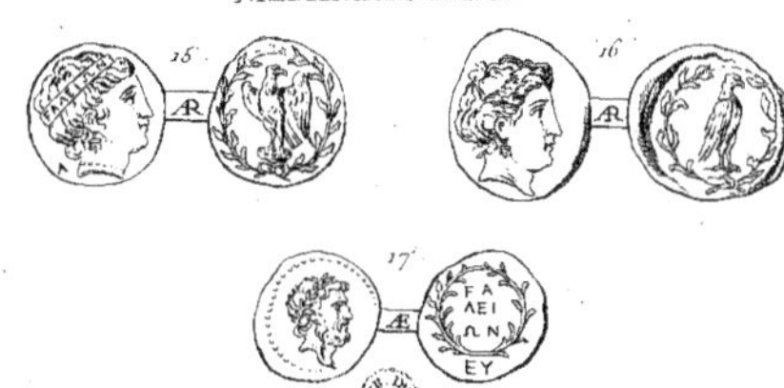

MEDAILLES Omises.

ALVONA.

LA premiere paroît être de la ville *d'Alvona*, aujourd'hui *Albona* dans la Liburnie. On ignore à quoi peut fe rapporter le mot οειϲ. qui y eft placé avant ΑΑΤΟΝ. Jufqu'à préfent il n'a été publié aucune médaille de cette ville, qui fans doute étoit habitée anciennement par des Grecs, ainfi que d'autres villes encore plus éloignées, telles que celles *d'Acilium* du pays des Venetes, dont on a ci-devant rapporté des médailles.

APOLLONIE.

LA ville *d'Apollonie*, dont font les médailles, n°ˢ. 2 & 3, qui n'ont point été publiées, étoit très-confidérable & célebre par les Belles-Lettres & les Sciences qui s'y enfeignoient. C'étoit pour fe perfectionner dans leur étude que Céfar Octavien y étoit, lorfque Jules-Céfar fut affaffiné à Rome. Les deux médailles qu'on rapporte ici, font attribuées à cette ville, non-feulement par rapport à leur fabrique & au nom de magiftrats qu'elles contiennent, mais auffi à caufe de la terminaifon dorique d'ΑΠΟΛ.ΑΩΝΙΑΤΑΝ qui étoit la même dans les pays voifins, comme les médailles qui ont pour légen-

K ij

C'est à cette ville que doivent être rapportées les sept médailles d'argent representant des femmes dansantes, que j'avois attribué malapropos à l'Apollonie du Pont. M. Echell releve avec raison la méprise que j'avois faite, mais il y avoit longtemps que je m'en etois apperçu et que j'avois fait cette correction.

PLANCHE
XI.

de ΑΠΕΙΡΩΤΑΝ, ΗΡΑΚΛΕΩΤΑΝ & ΟΙΝΙΑΔΑΝ, le font connoître. On a beaucoup d'autres médailles de cette Apollonie, qui font communes en argent. Il eft fâcheux que celle du n°. 3 ne foit pas mieux confervée, & qu'il n'y ait de bien entier que le mot ΜΑΓΝΟΤ du côté de la tête.

BULLIS.

GOLTZIUS eft le feul qui ait publié une médaille de la ville de *Bullis.* Celle qu'on voit ici, n°. 4, eft différente.

AMANTIA.

ARRIGONI en a publié une de la ville d'*Amantia*, femblable à celle du n°. 5 , laquelle fe trouve auffi dans les cabinets de Theupolo & de Pembrock.

DYRRHACHIUM.

IL n'y en a gueres de plus communes que celles de *Dyrrhachium*, ville très-ancienne, où il fe faifoit un grand commerce, & qui étoit appellée auparavant *Epidamnus* ; nom qui fut changé enfuite, parce qu'il étoit d'un mauvais augure. Outre les médailles d'argent pefantes une dragme, qui abondent dans tous les cabinets, & qui contiennent des noms de magiſtrats avec les lettres ΑΤΡ. premieres de ΑΤΡΡΑΞΙΩΝ, on en a pluſieurs du poids de trois dragmes qui ſont moins communes. On en rapporte ici ſeulement trois ſous les nᵒˢ. 6, 7 & 8, dont la premiere n'a auſſi pour légende que les lettres ΔΤΡ ſans nom de magiſtrats. Les deux autres ſans aucunes lettres ni légende, & reconnoiſſables ſeulement par le type d'une vache qui allaite un veau, ſont des premiers temps (*) où l'on commença à fabriquer des monnoies dans les villes Grecques, comme leur fabrique le fait connoître.

DELMATIA.

LA derniere de cette planche dont la légende eſt METAL. DELM. a été publiée par Bouteroue. Il y en a de l'Empereur Hadrien qui ont la même légende, & d'autres celles de MET. NOR. On juge que les unes & les autres ont été fabriquées dans les lieux où étoient les mines. Il y avoit auſſi des mines à *Damaſtium* en Epire, dont il ſera ci-après rapporté des médailles. Il eſt à obſerver que la cuiraſſe repréſentée ſur

(*) Les obſervations de M. l'Abbé Barthelemy ſur ces ſortes de médailles, dans ſon Eſſai d'une Paléographie numiſmatique, méritent d'être lues.

celle-ci, étoit apparemment un fymbole particulier de la Dalmatie; le même type fe trouvant fur une médaille du roi Moftis.

EPIRE.

EPIROTES.

*médaille frappée en Épire avec
a légende* MENEΔHMOΣ &c.
ll. p. 94.

L'Epire a eu plus ou moins d'étendue en différents temps. On regarde ici ce pays comme limité entre les monts Cérauniens, & le golfe d'*Ambracie*, tel qu'il l'étoit anciennement, & l'on rapportera feulement fous ce titre les médailles des villes contenues dans cet efpace. Quoique la plupart de ces villes euffent chacune des monnoies particulieres qui leur étoient propres, il y en avoit d'une autre efpece, qui étoient communes à tout le pays où elles avoient cours. Il y a dans cette collection plufieurs de ces médailles avec la légende ΑΠΕΙΡΩΤΑΝ qui ont prefque toutes été publiées.

AMBRACIA.

LA premiere de cette planche, & les deux fuivantes, font de la ville d'*Ambracie*, fituée au

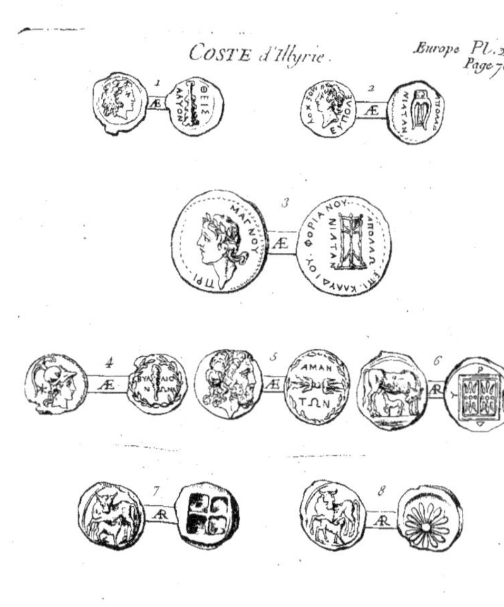

fond d'un golfe qui portoit fon nom : elle étoit
très-confidérable, & avoit même été pendant
un temps la demeure des rois d'Epire. On en
a beaucoup de médailles dont plufieurs ont été
publiées, mais on n'en avoit point encore vu en
argent. Celle qui eft ici rapportée, reffemble par
la tête & par le type du revers à d'autres médailles de bronze, excepté que du haut de l'obélif-
que qui y eft repréfenté, il pend des deux côtés des efpeces de banderoles qui ne fe voient
fur aucune des médailles qui repréfentent des
obélifques.

La médaille, n°. 2, ne contient rien de particulier, fi ce n'eft la légende ΑΡΙΣ qui eft le
commencement d'un nom de magiftrat. La plupart des autres médailles contiennent auffi des
noms de magiftrats différents.

Il n'en a point été publié de pareilles à celle du
n°. 3, qui repréfente d'un côté un bœuf bondif-
fant, & de l'autre côté la tête du fleuve Acheloüs.
Il peut paroître extraordinaire que la tête de ce
fleuve fe trouve fur une médaille de la ville d'*Ambracie*, qui étoit fituée fur un autre fleuve appellé
Arachtus par Strabon, & *Arethon* par Polybe &
Tite-Live ; mais quoique l'Acheloüs, traverfant
toute l'Acarnanie, qu'il bornoit même du coté

PLANCHE XII.

P L A N C H E
XII.

de l'Ætolie, coulât loin d'*Ambracie*, il avoit,
felon les apparences, fa fource en Epire; & il
y a d'autres exemples que des villes marquoient
fur leurs monnoies des noms de fleuves, dont
elles étoient affez éloignées, mais qui étoient les
plus renommés & les plus confidérables dans les
environs.

THURIA *en Messenie.*

voyez plus bas p. 120.

BUTHROTUM.

GOLTZIUS eft le feul qui ait publié des médailles Grecques de la ville de *Buthrotum*. Les
deux qu'il rapporte font différentes de celle de
cette planche, n°. 4, qui n'a de bien lifible que
les lettres в o r dans le champ à la gauche avec
le nom de magiftrat ΝΙΚΩΝΤΜΟΣ de l'autre côté.
Il fe peut que la médaille que Haym a rapportée avec la légende ΒΥΤΡΟΤΙΩΝ foit de la même
ville, qu'il femble n'avoir point connue, ayant
cherché vainement à en trouver une de ce nom
en Italie. **BUTHROTUM**
Cette ville ayant été faite colonie par les Romains, fit enfuite frapper des monnoies latines.
Le P. Hardouin en a rapporté une de cette efpece. Celle du n°. 5 eft auffi Latine. Le type
qu'elle contient d'une jambe avec le genou plié
eft fingulier. On a voulu apparemment figurer
pa

par ce type la courbure de la côte où la ville
étoit fituée, de même que la côte où eft fituée
la ville d'*Ancone*, eft figurée par un coude fur
fes monnoies.

PLANCHE
XII.

DAMASTIUM.

LA médaille, n°. 6, & les trois fuivantes
ont été frappées dans un lieu de l'Epire appellé
Damaftium, dont parle Strabon. Il y avoit dans
ce lieu-là des mines d'argent. Auffi les préfen-
tes médailles font-elles de ce métal; mais comme *Damaftium* étoit près des monts Cérauniens
habités par des peuples ruftiques & barbares,
elles fe reffentent de leur rudeffe par leur fabrique
groffiere. Il faut que les Antiquaires n'aient pas
vu de ces médailles, ou qu'ils n'aient pas connu
d'où elles étoient, puifqu'ils n'en ont publié
aucune.

CASSOPÉENS.

IL n'y a que le P. Hardouin qui en ait rapporté une des *Caffopéens*. Celle qu'on voit ici,
n°. 10, eft différente. Ces peuples habitoient
une petite contrée de l'Epire appellée *Caffopie*,
où il y avoit une ville & un port de même nom.
Les Auteurs anciens parlant de ce pays-là, l'ap-

pellent *Caſſiopie*, plus ſouvent que *Caſſopie*.

NICOPOLIS.

LA médaille d'argent, n°. 11, eſt attribuée à la ville de *Nicopolis* d'Epire, ainſi que les deux de bronze qui ſuivent. Elle n'a cependant point de légende, & il n'y a d'autres marques qui puiſſent déſigner cette ville que les lettres NK liées enſemble en forme de monogramme que l'on voit derriere la tête d'Apollon. Quelques-uns ayant trouvé dans ce monogramme les lettres NIK initiales de *Nicopolis*, ont jugé qu'entre tou-les les villes de ce nom, c'étoit celle d'Epire, à laquelle cette médaille devoit être référée, parce qu'elle repréſente d'un côté la tête d'Apollon, divinité principale du lieu, & de l'autre côté une tête de femme tourelée, qui ſe trouve de même ſur pluſieurs médailles de bronze qui y ont été frappées.

Telle eſt la médaille, n°. 12, rapportée ici pour exemple qui n'a point été publiée.

La derniere eſt ſemblable à une médaille qui ſe trouve dans le *Teſoro Britannico*, mais qui, ſuivant les deſſeins que l'on y voit, n'a point porté ſur toute l'étendue du coin, lorſqu'elle a été frappée, de ſorte que la légende ΝΙΚΟΠΟΛΕΩΣ y

Eckell p. 137. eſtime que cette medaille doit être de la ville d'Epidaure, mais ma medaille et la ſienne ſont tout differentes.

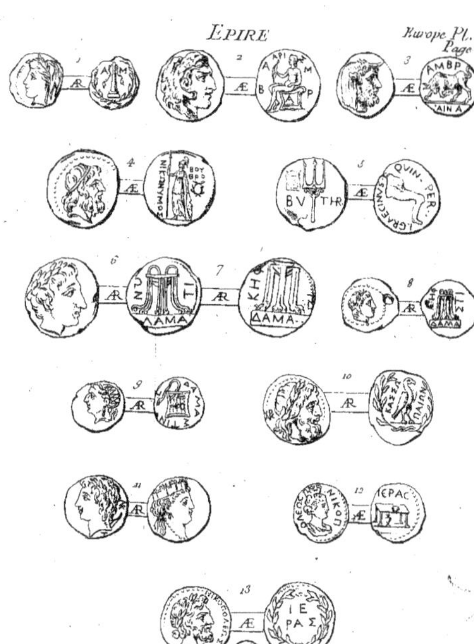
EPIRE
Europe Pl. XII.
Page 82.

manque. Haym n'ayant apperçu que ΙΕΡΑΣ de
l'autre côté, l'a attribué à la ville de *Germe* en
Myſie, appellée *Hiera-Germe* par Ptolémée.

PLANCHE
XII.

A C A R N A N I E.

A C A R N A N I E N S.

L'ACARNANIE qui avoit beaucoup d'étendue du côté de la mer, depuis le golfe d'*Ambracie*, appellé aujourd'hui le golfe de *Larta* ,
juſqu'à l'embouchure du fleuve Acheloüs, étoit
fort reſſerrée dans le continent entre ce golfe &
ce fleuve, ſur leſquels la plupart de ſes villes
étoient ſituées. Il y avoit dans cette contrée ,
comme en Epire, des monnoies qui étoient
communes à tout le pays. Telle eſt la premiere
médaille de cette planche qui, d'un côté, a pour
légende ΑΚΑΡΝΑΝΩΝ , & pour type, Jupiter debout tenant d'une main ſon foudre, & de l'autre main un aigle. Au revers c'eſt la tête d'Acheloüs avec le nom d'un magiſtrat. Goltzius a
publié une médaille des Acarnaniens avec la
figure d'Apollon aſſiſe d'un côté, & une tête
couverte de peau de lion de l'autre côté. Patin
en a auſſi rapporté une avec la même figure

PLANCHE
XIII.

d’Apollon ; mais au revers, c’est comme dans celle-ci, la tête d’Acheloüs qu’il a prise pour celle du Minotaure, ainsi que Spanheim l’a très-bien observé.

ÆNIANES.

AVANT que de parler des deux médailles qui suivent, il est à propos d’observer ce que les anciens Auteurs ont dit des peuples auxquels on doit les attribuer. Il paroît que les *Æneianés* de Strabon, les *Ænianes* de Plutarque & d’Etienne de Byzance, & les *Ænienses* de Pline, étoient les mêmes peuples qui avoient habité ancienne-ment la Thessalie entre les monts *Pinde, Othrys* & *Œta*, s’étendant du côté des *Locriens-Epic-némidiens*, jusqu’au golfe *Maliaque*, d’où ayant été chassés par les Lapithes, ils se retirerent vers l’occident, s’arrêtant en différentes contrées où ils firent successivement des établissements, savoir, en *Perrhœbie*, en *Molossie* & en *Ætolie* ; mais à la fin les Ætoliens joints aux Atha-manes, les détruisirent entiérement. L’histoire ne fait pas mention des motifs qui causerent leur expulsion de la Thessalie, & leur destruction par les Ætoliens, ni du temps que durerent leurs différentes migrations. Il est dit seulement qu’ils avoient d'abord habité la ville d'*Hypata*, comme leur capitale, fituée au pied du mont *Œta*, & enfuite celle d'*Ænia* en Perrhœbie. Il n'eft point parlé des villes qu'ils durent habiter en Moloffie & en Ætolie; mais Strabon fait mention d'une ville du nom d'*Æneia* fituée fur le fleuve Acheloüs entre la mer & la ville de *Stratos*, & il y a tout lieu de juger que les Ænianes ont habité cette ville à laquelle ils avoient donné leur nom, comme ils l'avoient auffi donné fans doute à la ville d'*Æneia* en Perrhœbie.

Æ N E I A.

DE ce qui vient d'être rapporté au fujet des *Ænianes*, on doit inférer qu'il peut y avoir des médailles de ces peuples frappées dans les différents pays où ils s'étoient établis. On eftime que les deux qu'on rapporte ici, n°s. 2 & 3, l'ont été dans la ville d'*Æneia*, tant parce qu'elles reffemblent par leur fabrique à celles d'Acarnanie & d'Ætolie, & par leur type à des médailles communes d'*Ambracie*, que parce que, conformément au nom d'*Æneia*, Strabon qui feul parle de cette ville, appelle toujours *Æneianes* les peuples dont il s'agit. Il eft vrai qu'il met la ville d'*Æneia* en Acarnanie, & qu'il n'eft point dit que les *Ænianas* ou *Æneianes* aient pénétré en Acarnanie ; mais le fleuve fur lequel cette ville étoit placée, féparoit l'Acarnanie de l'Ætolie où ils s'étoient établis, & ils ont bien pu s'emparer d'une ville, ou s'en bâtir une auffi proche que l'étoit celle d'*Æneia*, fans qu'il en ait été fait mention par les Hiftoriens & par les Géographes anciens ; d'autant plus que Strabon marquant qu'elle étoit déferte de fon temps, il y a lieu d'en conclure qu'elle avoit fuivi le fort des *Ænianes* fes habitants.

La premiere de ces deux médailles, n°. 2, a été publiée par Beger qui la regardoit comme des plus rares. Il s'eft contenté de l'attribuer aux *Ænianes* de Theffalie, fans parler des différentes contrées qu'ils avoient habités. La feconde médaille, n°. 3., n'a point été publiée.

Parmi les médailles de Theffalie qui feront ci-après rapportées, l'on en trouvera deux autres des *Ænianes* que l'on juge avoir été frappées dans la ville d'*Hypata.*

ACTIUM.

CELLE de la ville d'*Actium*, n°. 4., & les trois fuivantes d'*Amphilochium*, d'*Anactorium* & d'*Argos-Amphilochicum*, ont toutes pour type le che-

val Pégafe avec la tête de Pallas de l'autre côté,
& par-là, ainfi que par leur forme & matiere,
elles reffemblent entiérement aux médailles de
Corinthe, ce qui prouve que les habitants de
ces villes étoient originairement Corinthiens.
Auffi Strabon nous apprend-il que des Corinthiens envoyés par *Cypfelus* & *Gargefus*, s'empa-
rerent de la côte d'Acarnanie, & s'avancerent
jufqu'au fond du golfe d'*Ambracie*, où ils bâti-
rent la ville d'*Ambracie* & celle d'*Anactorium*.
Selon Thucydide, le temple d'Apollon Actien
étoit fur le territoire Anactorien, lequel s'étendoit au loin, de maniere que toute cette partie
de l'Acarnanie en portoit le nom. Les lettres
ANA qui font fous le cheval Pégafe, défignent
fans doute ce territoire, où la ville d'Actium
étoit fituée, & il paroît que l'on doit interpréter de même les lettres AN & la feule lettre A qui
fe trouvent placées de la même façon fur plufieurs autres médailles.

Ces quatre-ci fervent auffi à prouver que les
colonies Grecques confervoient fur leurs monnoies les fymboles des villes qui les avoient
formées, d'où l'on peut reconnoître l'origine de
plufieurs, dont les anciens Auteurs ne font pas
mention. C'eft particuliérement fur les médailles

PLANCHE
XIII.

PLANCHE
XIII.

des colonies formées par la ville de Corinth
qui avoit pour fymbole le cheval Pégafe, qu
ce fymbole eft employé. Outre les villes d'Acar
nanie ci-deffus, on le trouve fur les médaille
d'*Ambracie*, de *Leucade*, de *Corcyre*, de *Dyrra*
chium, de *Syracufe* & de plufieurs autres.

La médaille d'*Actium*, dont on vient de par
ler, n'a point été publiée.

AMPHILOCHIA.

GOLTZIUS en a rapporté une avec la légend
ΑΜΦΙΛΟΧΙ femblable à celle du n°. 5, qui ne con
tient que les lettres ΑΜΦΙ. On les attribue l'un
& l'autre aux habitants d'un canton particulie
fitué fur le bord du golfe d'Ambracie, leque
étoit appellé *Amphilochia* dont *Argos-Amphilo*
chicum étoit la ville principale. Quelques-un
prétendent qu'indépendamment de la ville d'*Ar*
gos-Amphilochicum, il y en avoit une autre ap
pellée *Amphilochium*.

ANACTORIUM.

LA médaille, n°. 6, a pour légende ΑΝΑΚΤΟ
ΡΙΩΝ. On n'a point connoiffance qu'il en ait été
publié jufqu'à préfent aucune de cette ville
non plus que de la ville d'*Argos-Amphilochicum*
dont

dont eſt la médaille ſuivante, n°. 7, laquelle par ſon type, par ſa forme & ſa fabrique, fait connoître qu'elle eſt de cette ville, & non d'aucune des autres villes qui portoient le nom d'Argos.

ARGOS-AMPHILOCHICUM.

PARUTA en a cependant rapporté une pareille avec la même légende AΡΓEI, & une autre avec la légende AMΦI, mais il les a rangées parmi les médailles de *Syracuſe*. Il·y a compris auſſi d'autres médailles ſemblables avec les légendes AΤΡ & ΛET, leſquelles appartiennent aux villes de *Dyrrachium* & de *Leucade*. Il eſt bon d'obſerver à cette occaſion que Paruta, d'après Goltzius, s'eſt trompé en attribuant à la ville de *Syracuſe*, toutes les médailles pareilles, qui ont des commencements de légende compoſés ſeulement de deux ou trois lettres, & toutes celles qui ont, ſous le cheval Pégaſe, la lettre ϙ, qui eſt l'initiale du nom de Corinthe ſous l'ancienne forme du *kappa* grec, ainſi qu'on le voit ſur les médailles de *Crotone*. Il n'y a pas lieu de douter que toutes celles qui ont cette lettre ſeule ſous le Pégaſe, n'appartiennent à la ville de *Corinthe*, & les autres à des colonies de cette

La ſixieme medaille de la Pl. XX. appartient à cette ville.

PLANCHE XIII.

ville, dont le nom commençoit par les deux ou trois autres lettres qu'elles contiennent au lieu de légende.

HÉRACLÉE.

LA terminaison du mot ΗΡΑΚΛΕΩΤΑΝ ſur les médailles, nᵒˢ. 8 & 9, les a fait attribuer à l'*Héraclée* d'Acarnanie, parce que les noms des Epirotes, des Apolloniens, & des Œniadiens ſe terminent de même ſur leurs médailles. Elles pourroient cependant, par la même raiſon, appartenir à l'*Héraclée* de Sicile ; ſi M. l'Abbé Mazocchi & d'autres Auteurs n'aſſuroient pas que toutes les médailles d'*Héraclée* de Sicile, qui ſe trouvent dans cette iſle, ont pour légende ΗΡΑΚΛΕΙΩΝ.

THYRIUM.

CELLES qu'on rapporte ici, , nᵒˢ. 10 & 11, ſont de la ville de *Thyrium* qui, ſuivant Polybe, étoit ſituée près de celle de *Leucade*. Goltzius en a publié une ſemblable à la premiere qui a pour légende ΘΥΡΡΗΩΝ. Le P. Hardouin qui en parle, dit, comme Patin, que la tête qui y eſt repréſentée, eſt celle du Minotaure. Mais le prétendu Minotaure que l'on voit ſur beaucoup de médailles de Sicile & de la grande Grece, y eſt toujours à mi-corps, ou avec le corps de bœuf entier, & ſa tête eſt différente de celle d'Achéloüs qui eſt ſeulement repréſentée ſur les médailles des Acarnaniens, Ambraciens, Thyrréens & Œniadiens, tous peuples de la contrée arroſée par ce fleuve, ou des environs. Il y a auſſi de la différence dans la forme & dans la poſition des cornes de l'un & de l'autre. On doit encore obſerver que la légende ΘΥΡΡΗΩΝ de la premiere de ces deux médailles, eſt écrite ΘΥΡΡΕΙΩΝ, ſur la ſeconde, & que le nom de magiſtrat de celle-ci eſt ΚΝΟΜΕΝΗΣ au lieu de ΜΕΝΑΝΔΡΟΣ qui eſt ſur l'autre.

LEUCADE.

LA médaille, n°. 12, & les trois ſuivantes ſont de la ville de *Leucade*, ſituée dans une preſque'iſle de même nom. Goltzius & Patin en ont publié d'à-peu-près ſemblables à cette premiere-ci. Nonnius & le P. Hardouin eſtiment que c'eſt la figure de Diane qui y eſt repréſentée. Si cela eſt, il faut que ſon culte fut établi à *Leucade* de toute autre maniere qu'il ne l'étoit dans les autres villes, dont les médailles ne la repréſentent point, à beaucoup près, comme elle eſt figurée ſur celle-ci, en habit long, &

M ij

PLANCHE XIII.

Autre medaille S. IV. p. 42.

tenant d'une main un ornement de navire.

La médaille, n°. 13, qui n'a pour légende que les lettres ΑΕ eſt attribuée à la même ville, tant par rapport au type du demi-navire, que par rapport à la chouette du revers qui ſe trouve dans la médaille précédente. Il y auroit lieu de juger par la figure de Minerve qui eſt debout ſur le navire dans celle-ci, que c'eſt auſſi Minerve plutôt que Diane qui eſt repréſentée ſur les autres ſemblables à la premiere. Preſque tout ce qu'elles contiennent paroît avoir rapport à la navigation, & Minerve étoit réputée chez les Anciens avoir inventé & conſtruit elle-même le premier navire.

Les médailles, n°s. 14 & 15, qui ont pour types, ſavoir, la premiere une maſſue, & la ſeconde une lyre, nont point été publiées, non plus que la précédente.

ŒNIADÆ.

La médaille, n°. 16, eſt de la ville appellée *Œniadæ*, de même que les peuples qui l'habitoient : elle étoit à l'embouchure du fleuve Achéloüs, & appartenoit à l'Acarnanie, quoiqu'elle fût ſituée du côté de l'Ætolie. Liébe qui a publié une pareille médaille, a cru, comme

ACARNANIE
Europe Pl. XIII.
Page 92.

on l'a déja remarqué , que la tête d'Achéloüs étoit celle du Minotaure , & il s'eſt fatigué en vain à chercher pourquoi le Minotaure étoit repréſenté ſur les médailles d'Acarnanie. La derniere de cette planche eſt attribuée à la même ville, quoiqu'elle ſoit ſans légende , & qu'elle differe d'ailleurs par la tête caſquée qui eſt repréſentée ſur le côté qui contient celle de Jupiter dans les autres.

PLANCHE
XIII.

Voyez les obſervations faites cy devant p. 58. ſur la figure du fleuve Achelous.

ÆTOLIE.

ÆTOLIENS.

L'ÆTOLIE, dont la côte maritime étoit expoſée au midi, étoit bornée au couchant par le fleuve Achéloüs, & au levant par le golfe Corinthiaque, aujourd'hui appellé le golfe de *Lépante*, & par la Locride. Ses limites au ſeptentrion ont ſouvent varié, & il y a eu un temps où les Ætoliens, par les conquêtes qu'ils avoient faites, s'étoient étendus de ce côté-là juſqu'en Theſſalie. Ils avoient des monnoies communes à tout leur pays , indépendamment de celles que d'autres peuples qui y habitoient, faiſoient

PLANCHE
XIV.

fabriquer pour leur ufage particulier, ainfi qu'il fe pratiquoit en Epire & en Acarnanie. C'eft de cette premiere efpece qu'eft la médaille, n°. 1, qui a pour légende ΑΙΤΩΛΩΝ. Elle eft d'argent, d'une antiquité indubitable, & de la plus belle confervation.

Il y en a dans cette collection une autre à peu-près pareille, mais de fabrique mauvaife & contrefaite, dont on ne fait ici mention, que parce qu'elle reffemble à celle qui a fourni matiere à de longues differtations de Beger & de Spanheim fur le type qu'elle contient. Beger prétendoit que c'eft la figure d'Apollon en habit de chaffeur, s'appuyant de la main droite à une hafte, & ayant un chapeau pendu derriere le dos, avec une flûte attachée fous le bras gauche. Spanheim reconnoiffant que cette figure tient de la main droite une hafte pure, & porte fous le bras une épée, ou plutôt un javelot, foutenoit qu'elle repréfente Méléagre révéré comme un héros par les Ætoliens pour avoir tué le fanglier Calydonien ; & cependant il convenoit que ce pouvoit être Ætolus en habit de voyageur.

Il eft certain que dans la premiere médaille ici rapportée, la figure qu'elle repréfente, ne tient point une hafte, mais un long bâton noueux & ébranché, & que c'eft une épée dans fon fourreau qu'elle porte fous le bras ; ce qui donne lieu de croire qu'elle repréfente Ætolus, pour qui les Ætoliens avoient la même vénération qu'avoient tous les autres peuples & villes Grecques pour leurs premiers chefs & fondateurs. Cela n'empêche point que les types qui fe trouvent fur plufieurs de leurs autres médailles n'ayent rapport au fanglier Calydonien tué par Méléagre. Tous les peuples de Grece rappelloient ordinairement fur leurs médailles ou monnoies, les événements intéreffants qui leur étoient arrivés ; & fi les Ætoliens ont marqué fur les leurs ce fameux exploit de Méléagre par la figure du fanglier, par celle de fes dents qu'ils confervoient, & même par celle de l'épieu, ou de la hafte dont l'animal avoit été percé ; ils ont bien pu y repréfenter pareillement Ætolus leur auteur, ainfi qu'Apollon, Minerve & Hercule, divinités dont le culte étoit fans doute établi chez eux, comme il paroît par leurs autres médailles que l'on ne rapporte point ici , parce qu'elles font communes.

PLANCHE XIV.

ATHAMANES.

CELLE du n°. 2 , eſt des peuples appellés
Athamanes , qui étoient établis entre l'Ætolie
& la Theſſalie , mais plus unis aux Ætoliens
qu'aux Theſſaliens. Le canton qu'ils habitoient
étoit appellé de leur nom *Athamanie*. On ne
croit pas qu'il ait été publié juſqu'à préſent
aucune médaille de ces peuples.

APOLLONIE.

LA troiſieme rapportée ici à l'Ætolie , qui a
pour légende ΑΠΟΛΛΩ, reſſemble à des médailles
des Ætoliens , tant par ſa fabrique , que par ſon
type qui repréſente la mâchoire d'un ſanglier ,
& un fer d'épieu ou de haſte. Ainſi elle appartient ſûrement à l'Apollonie d'Ætolie , dont
parle Tite-Live , & dont on ne connoiſſoit point
encore de médailles : la poſition de cette ville
devoit être , ſelon Tite-Live , *L. XXVII , C.* 8 ,
du côté d'*Erythres* ſur les confins des Locriens-
Ozoles.

NAVPACTVS. *médaillon
d'argent. L. II. pl. IV. n°. 7.*

LOCRIDE.

LOCRIDE.

SI L'ON parle ici de la Locride qui étoit presque toute entiere dans le continent, c'est qu'en
suivant la côte de la mer, comme on a fait jusqu'à présent, l'on trouve que les Locriens
avoient des établissements sur le bord du golfe
Corinthiaque entre l'Ætolie & la Phocide. Ils y
possédoient entr'autres la ville d'*Œanthia* & le
port d'*Œneon*. Strabon marque qu'ils y avoient
aussi possédé anciennement la ville de *Naupactus*.
Suivant la description qu'il fait de tout le pays
qu'ils habitoient, il étoit divisé en deux parties,
dont l'une s'étendoit depuis le mont Parnasse jusqu'à l'Ætolie, la Phocide & le golfe Corinthiaque, & l'autre partie depuis le mont Parnasse
jusqu'au golfe Maliaque vers les Thermopyles.
Ceux qui occupoient la premiere partie étoient
appellés *Locriens-Ozoles*, & ceux qui habitoient
la seconde, *Locriens-Epicnémidiens*.

LOCRIENS-*Ozoles.*

LES anciens Auteurs donnent unanimement
le surnom d'*Ozoles* aux Locriens établis entre
le Parnasse & l'Ætolie, & conviennent que ce

Peuples & Villes. I. Partie.　　　　　　　N

furnom dérivant du grec ὄζω fignifie *fentir, avoir de l'odeur ;* mais ils ne s'accordent pas fur les caufes qui le leur avoit fait donner. Ils en alleguent plufieurs différentes qu'il feroit trop long de rapporter.

Il paroît par les médailles qui ont été publiées de ces peuples, & par celles qui font ici rapportées, qu'ils ont dû avoir quelque affinité avec les Corinthiens, puifque la plupart ont les mêmes types que les médailles de Corinthe, favoir, le cheval Pégafe d'un côté, & la tête de Pallas de l'autre côté. La forme & la fabrique de celle qu'on voit, n°. 4, font connoître qu'elle eft des plus anciennes. La tête de Pallas y eft dans un quarré concave, & il n'y a au revers fous le Pégafe que la lettre Λ initiale de ΛΟΚΡΩΝ qu'on lit fur les autres. Elle eft d'ailleurs remarquable par le Pégafe bridé qui n'eft repréfenté de cette façon fur aucune autre médaille.

Le foudre que l'on voit au-deffous du Pégafe fur la médaille, n°. 5, fait auffi connoître que la fuivante, n°. 6, qui a le foudre pour type uniquement, appartient au même peuple.

On ne diftingue pas bien fur la médaille, n°. 7, la premiere, ni les dernieres lettres du pre-

mier mot de la légende où l’on voit seulement
ΓΡΑΝΙC. Mais l’on attribue cette médaille aux
Locriens-Ozoles, par rapport au type du revers,
Strabon rapportant qu’ils avoient pour symbole
l’astre *Hesperus* sur leur sceau public. Il y a cependant des médailles de la ville d’*Oponte*, où
le même astre est représenté, comme on le mar-
quera ci-après.

A X I A.

BEGER a publié une médaille pareille à celle
du n°. 8, & a jugé qu’elle est de la ville d’*Axia*
qu’Etienne de Byzance place dans le pays des
Locriens-Ozoles. C’est le seul ancien Ecrivain qui
fasse mention de cette ville.

L O C R I E N S - *Epicnémidiens.*

CEUX qui habitoient la partie de la Locride qui étoit entre le Parnasse & le golfe Maliaque, étoient surnommés *Épicnémidiens*, du
nom de la montagne *Cnemis*. Ils n’avoient d’a-
bord formé qu’un même peuple avec les *Opontiens*, & la ville d’*Opus* étoit leur capitale ;
mais les habitants de cette ville s’en séparerent
ensuite, comme il sera marqué ci-après.

La médaille, n°. 9, ressemble par la forme,

N ij

PLANCHE XIV. médaille mal lue. Sur d'autres pareilles la légende est OYPANIAΣ·ΠΟΛΕΩΣ. Elles sont vraisemblablement de la ville d'Urania en Chypre dont Diodore de Sicile fait mention, ou de l'Urania de Macédoine. Eckell p. 69 l'attribue à la Ville d'Uranopolis en Macédoine.

la matiere, le type & la fabrique à celles des Opontiens ; & il n'y a pas lieu par conséquent de douter qu'elle n'appartienne aux Locriens-Épicnémidiens, dont le territoire étoit contigu à celui des Opontiens après leur féparation.

La médaille, n°. 10 , differe de la précédente par le monograme qui eſt dans le champ, & qui défigne qu'elle a été frappée à Oponte dans le temps que les Locriens-Epicnémidiens habitoient cette ville. On peut auſſi la référer aux Opontiens qui s'appelloient *Locriens-Opontiens* avant leur féparation.

Le P. Hardouin a jugé que la figure repréſentée ſur ces médailles, eſt celle d'Ajax, fils d'Oïlée qui mena des Locriens-Épicnémidiens au ſiege de Troye.

La médaille, n°. 11 , qui a ſeulement les lettres ᴀᴏᴋ pour légende, eſt attribuée aux mêmes peuples , parce qu'elle reſſemble entiérement par la forme & par le type de la grappe de raiſin , à une médaille des Opontiens qui ſera ci-après rapportée.

Celle , n°. 12 , qui ne contient qu'un nom de magiſtrat , ſans autre légende , étant d'ailleurs toute ſemblable à la précédente , doit par conſéquent appartenir auſſi aux Locriens-Épicnémidiens.

OPONTIENS.

ON a beaucoup de médailles des Opontiens pareilles à celle du n°. 13, & presque tous les Antiquaires en ont parlé.

Goltzius en a publié une à peu-près semblable à la médaille, n°. 14, qui a pour type un vase d'un côté, & l'astre *Hesperus* de l'autre. Quoique la suivante, n°. 15, n'ait point de légende, elle appartient sans doute aux Opontiens, parce qu'elle est de même forme, matiere & fabrique que la précédente, & qu'elle représente pareillement l'astre *Hesperus* au revers.

La derniere de cette planche dont le type est une grappe de raisin, a pour légende ΟΠΟΥΝΤΙΩΝ tandis que toutes les autres qui sont d'argent, ont ΟΠΟΝΤΙΩΝ. Cette derniere maniere d'écrire le nom des habitants de la ville d'Oponte, est cependant moins conforme à son nom qui étoit Ὀποῦς. Ils s'appelloient Locriens, comme les autres habitants de la Locride, avant leur séparation d'avec les Locriens-Épicnémidiens. Ils prirent ensuite, pour se distinguer, le nom d'Opontiens, & ce fut alors vraisemblablement que la ville de *Cnemis* ou *Cnemides*, située au pied de la montagne de même nom, fut établie comme chef-lieu des Locriens-Épicnémidiens.

PLANCHE
XIV.

PHOCIDE.

LA Phocide située entre la Locride & la Bœotie avoit pour villes principales Delphes & Elatée, & quelques ports fur le golfe Corinthiaque. Il n'y a gueres de médailles de ces villes, mais on en trouve plufieurs qui étoient les monnoies communes à tout le pays; les unes avec la légende ΦΩΚΕΩΝ & ΦΩΚΙ, & les autres avec les lettres ΦΩ ou la lettre Φ feulement.

PHOCÉENS.

LES deux premieres de cette planche n'ont que les lettres ΦΩ. La feconde femblable à la premiere n'eft ici rapportée que pour faire voir par la lyre qui eft derriere la tête couronnée de laurier, que c'eft celle d'Apollon qui eft repréfentée fur ces deux médailles, ainfi que fur la troifieme, & non pas une tête de femme, comme quelques Antiquaires l'ont prétendu. Le P. Paciaudi entre autres, a jugé que ce pouvoit être celle de *Phemonoë*, prêtreffe d'Apollon, fort renommée pour avoir eté la premiere qui ait rendu fes oracles en vers. Mais c'eft bien une

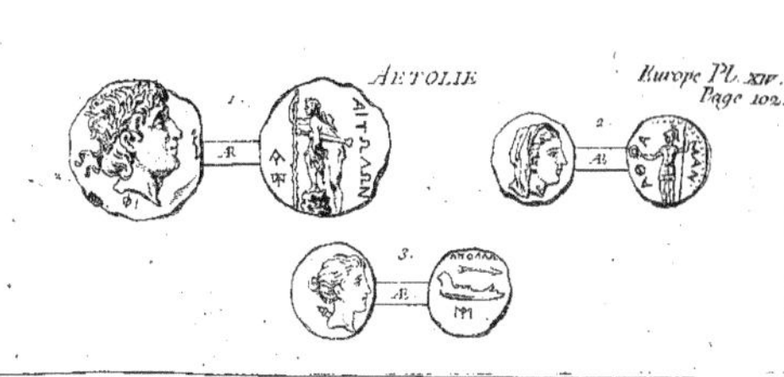

AETOLIE
Europe Pl. XIV.
Page 102.

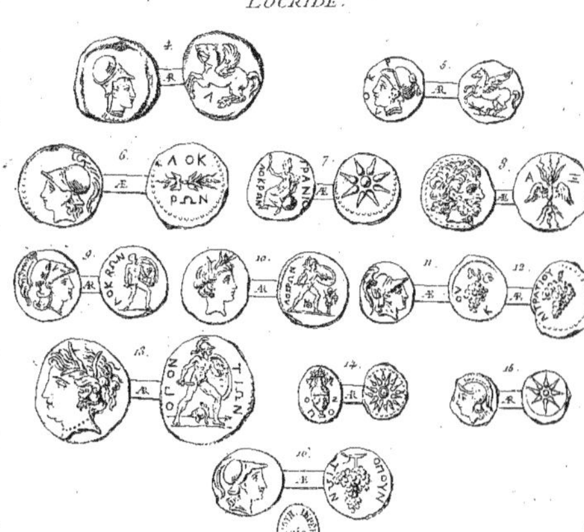

LOCRIDE.

tête de femme qui eſt repréſentée ſur la médaille
nº. 4, qu'on ne trouve point avoir été publiée.
Il ſeroit difficile de déterminer à qui cette tête
appartient ; ſi c'eſt celle de *Phemonoë*, ſuivant
le ſentiment du P. Paciaudi, ou celle de *Themis*
que Liébe a marqué pouvoir être repréſentée
ſur les médailles de la Phocide, par les raiſons
qu'il en rapporte.

Il a jugé auſſi que les lettres ᴇ ᴀ qui ſont
au-deſſus de la tête de bœuf dans une médaille
pareille à celle du nº. 3, qu'il a publiée, pouvoient être les initiales du nom de la ville d'*E-
latée* où cette médaille auroit été frappée. On
adopteroit volontiers cette conjecture, s'il n'y
avoit pas dans la préſente collection d'autres
médailles toutes ſemblables, où à la place des
lettres ᴇ ᴀ il y a ſur les unes ᴀ ᴀ, & ſur les autres
ᴀ ᴇ. Comme on ne connoît point de villes dans
la Phocide dont les noms commençaſſent par
les lettres ᴀ ᴀ & ᴀ ᴇ, il y a plus d'apparence que
ce ſont les initiales de noms de magiſtrats, ou
des marques de Monetaires.

On n'entrera point ici dans la queſtion de
ſavoir ſi c'eſt la tête d'un bœuf qui eſt repréſentée ſur ces médailles, ou ſi c'eſt celle du poiſſon appellé *Phoca*, eſpece de veau marin, queſ-

tion qui a été fort agitée par les Antiquaires.
Quelques-uns, comme le P. Paciaudi, ont penfé que la Phocide avoit pris l'emblême du poiffon *Phoca* par allufion à fon nom, de même que
l'ifle d'Eubée avoit pris l'emblême du bœuf.
D'autres, comme Liébe, en admettant la tête
du bœuf fur les médailles dont il s'agit, on
cherché à découvrir la relation qu'il pouvoit y
avoir entre cet animal & le culte que les Anciens rendoient à Apollon. Mais fi l'on peut
juger des raifons que les Phocéens ont eues de
repréfenter la tête d'un bœuf, ou celle d'un
Phoca fur leurs monnoies, il ne feroit peut êtr
pas auffi aifé de dire pourquoi ils y ont auffi
fait repréfenter un fanglier à mi-corps, comme
on le voit fur la médaille, n°. 5, qui n'avoit
point encore été publiée.

On en trouve beaucoup de différente forte
qui au lieu de légende, n'ont que la lettre ⊕ au
milieu d'une couronne, & qu'on attribue pour
la plupart à la ville de *Phæftum*, de l'ifle de
Crete. Celle, n°. 6, qui eft ici rapportée, &
qui n'a point non plus été publiée jufqu'à préfent, appartient fans difficulté aux Phocéens,
comme fa fabrique & le type de la tête de
bœuf le font connoître.

I

Il y en a une dans le cabinet de Theupolo ſemblable à celle du n°. 7 , repréſentant d'un côté trois têtes de bœuf poſées triangulairement avec la légende ΦΩΚΕΩΝ. On ignore ce que peut ſignifier la lettre τ , qui eſt de l'autre cô-té au milieu d'une couronne.

P ʟ ᴀ ɴ ᴄ ʜ ᴇ
XV.

D E L P H E S.

Iʟ n'eſt pas certain que la médaille, n°. 8 , ſoit de la ville de Delphes , comme on l'a cru par rapport au type d'Apollon aſſis , couronné de laurier avec un habit long , portant ſa main droi-te à ſon menton , tenant de la gauche une bran-che de laurier , & ayant ſa lyre devant lui. La lé-gende ᴀᴍΦɪᴋᴛɪᴏ n'eſt peut-être qu'un nom de magiſtrat.

E L A T É E.

Jᴜsǫᴜ'ᴀ préſent il n'y a eu qu'Arrigoni qui ait publié une médaille de la ville d'*Elatea* , qui étoit la plus grande de toutes les villes de la Pho-cide. Le fleuve *Cephiſſus* ſur le bord duquel elle étoit ſituée , étoit apparemment navigable , puiſ-que la tête de Neptune eſt repréſentée avec ſon trident ſur cette médaille.

Peuples & Villes. I. Part.   O

CYPARISSUS.

La derniere de cette planche eſt du plus grand module. La légende ΚΤΠΑ & le type du trépied au milieu d'une couronne font bien connoître que c'eſt dans la ville de *Cypariſſus* de la Phocide, qu'elle a été frappée. On reconnoît auſſi la tête d'Apollon qui eſt de l'autre côté avec ſa lyre au-devant. Il eſt ſouvent repréſenté de même avec l'habit & la coëffure de femme. Son culte ne pouvoit manquer d'être établi à Cypariſſus par la poſition de cette ville, qui étoit ſur le mont Parnaſſe, & tout proche de Delphes. On avoit bien déja des médailles de *Cypariſſa*, ville de Meſſénie, mais on n'en avoit point encore vu de *Cypariſſus* en Phocide.

PELOPONNESE.

PÉLOPONNÉSIENS.

Quand les anciens peuples commencerent à fabriquer des monnoies, ils ſe contenterent d'y marquer les ſymboles qu'ils avoient adoptés, & qui leur étoient propres, ou d'autres ſi-

gnes qui pouvoient faire connoître où elles
avoient été frappées, & à qui elles appartenoient.
Ceux qui habitoient le Péloponnefe, fachant
que cette peninfule reffembloit à peu-près à une
feuille de Platane, ainfi que le rapportent plufieurs Auteurs, firent repréfenter une pareille
feuille fans légende fur leurs monnoies, comme on le voit dans les deux premieres médailles (*) de cette Planche. Il faut qu'ils n'en ayent
fait faire qu'une médiocre quantité de cette
forte, parce que l'on en trouve très-peu. On n'en
avoit pas même encore vu de pareille à la fe:con-
de, où la feuille n'eft pas tout-à-fait figurée
comme dans la premiere.

Les médailles qui ont pour type une tortue,
telles que celle, n°. 3, font plus communes.
Auffi étoit-ce un emblême particulier du Péloponnefe; & les monnoies chargées de cet emblême étoient fi connues pour appartenir aux
Péloponnéfiens, que quand on avoit à leur re-
procher de la lenteur & de la pareffe, on di-
foit qu'ils reffembloient à la tortue de leurs monnoies, lefquelles étoient communément appel-

PLANCHE
XVI.

(*) La premiere de ces deux médailles qui appartenoit ci-de-vant à M. de Gravelles a été rap-portée par M. l'Abbé Barthelemy dans fon Effai d'une Paléographie numifmatique.

O ij

lés des *Chelones* du mot grec χελώνη, qui fignifie une tortue.

Le champ creux du revers de ces médailles eft ordinairement partagé en cinq parties (*), par lefquelles on a cru qu'étoient défignées les cinq contrées, ou les cinq principaux peuples qui y étoient établis; mais il y a eu des temps où le Péloponnefe contenoit fix & même huit contrées diftinctes & féparées.

On obfervera ici au fujet des médailles qui ont au revers un champ creux divifé en plufieurs parties, qu'elles font toutes du temps où l'on commença à fabriquer des monnoies en Grece, à l'exemple des monnoies de Lydie ou de Perfe qui étoient fabriquées de la même maniere ; que ces champs creux n'étoient faits de la forte que pour retenir les monnoies fous le coin, & les empêcher de glifler en les frappant ; & que l'ufage de graver des types différents des deux côtés, ne s'introduifit que quand les Ouvriers eurent trouvé l'art ou le moyen de les affujettir d'une autre façon.

Les médailles qu'on va rapporter, font de fix

(*) M. l'Abbé Barthelemy a fait dans l'ouvrage qu'on vient de citer les mêmes obfervations, & de plus circonftanciées encore fur ces fortes de médailles.

contrées que le Peloponnese contenoit , favoir, l'Achaïe, l'Elide, la Meffénie, la Laconie, l'Argolide, & l'Arcadie.

A C H A Ï E.

L'ACHAÏE étoit la principale des contrées du Péloponnese, & c'étoit dans la ville d'*Ægium*, capitale de cette contrée , que fe tenoient les Etats généraux de toute la Peninfule.

A C H É E N S.

LA plupart des Antiquaires ont parlé des médailles d'Achaïe, dont celles d'argent, telles que la premiere ici rapportée, n°. 4, ne contiennent ordinairement que le monogramme ⋈ avec des lettres reparties dans le champ , lefquelles, felon les apparences , font les initiales des noms des Magiftrats du temps où elles ont été frappées. Ces médailles dont on trouve une grande quantité, étoient communes à toute la contrée, & y avoient cours indépendamment de celles des villes qui y étoient fituées, & qui avoient auffi chacune leurs monnoies particulieres.

A l'occasion du monogramme dont les Achéens se servoient pour marque distinctive de leurs monnoies, on doit observer que plusieurs autres peuples & villes Grecques pratiquoient le même usage, comme les Arcadiens, les villes d'*Argos*, *Arade*, *Gaza*, *Corcyre*, *Crotone*, *Malée*, *Milet*, *Patras*, *Pergame*, *Tyr* & plusieurs autres. Différents Antiquaires ont publié des listes de beaucoup d'autres monogrammes, dont les uns peuvent être vrais, mais dont les autres font au moins douteux.

Haym a rapporté avec des remarques plusieurs médailles semblables à celle du n°. 5, sur lesquelles le nom des Achéens est joint à celui de différents peuples. Il y en a quelques autres de cette forte dans la présente collection.

Il n'en a point été publié de pareilles à celles des n°ˢ. *6* & *7*.

Æ G I U M.

LA médaille, n°. 8, qui est de la ville d'*Ægium*, ressemble entiérement à celles qui étoient communes à tout le Péloponnese. La seule différence est que dans le champ du revers de cette médaille & d'autres pareilles, il y a pour légende AIΓ. dans les unes, AIΓI dans les autres, ce qui fait connoître que fi la ville d'*Ægium* n'avoit pas adopté le même fymbole de la tortue pour fes monnoies particulieres, elles avoient du moins été frappées dan sc cette ville, qui étoit la capitale de l'Achaïe, & où il étoit tout naturel que l'on fabriquât par préférence celles qui étoient communes à tout le Péloponnefe.

Dans la médaille, n°. 9, la ville d'*Ægium* eft défignée par la feule lettre A initiale de fon nom, laquelle lettre eft placée entre deux dauphins qui défignent auffi que la ville étoit maritime. On voit pareillement un dauphin fur les médailles qui ont pour type la tortue d'un côté & de l'autre côté la légende AIГ & AIГI dans le champ partagé en cinq parties.

Celle du n°. 10 eft remarquable par la légende AIГIEΩN, & par le monogramme de l'Achaïe qui eft de l'autre côté avec le nom du magiftrat *Ariftodamus*.

Spanheim en a publié une pareille à la derniere de cette planche, avec des obfervations adreffées par une lettre à Beger. Il prétend, mais fans raifons décifives, que la légende ΘΕΟΞΙΟΣ ΚΡΗΤΑΙΟΣ* ne contient pas un nom de magiftrat, & que ce font des épithetes ou attributs de Jupiter.

PLANCHE
XVI.

Les Médailles sont de l'Ile d'Aegine.

* lisez ΚΛΗΤΑΙΟΣ.
Nom de Magistrat qui se trouve
sur des Medailles d'Aegium qui
ne representent point Jupiter

CORINTHE.

PLANCHE
XVII.

Eckell p. 121. et Suivantes donne la liste de toutes les Colonies formées par la ville de Corinthe.

autres médailles S. II. p. 95. S. III. p. 102. et S. IIII. p. 37.

LA ville de Corinthe avoit différents symboles marqués sur ses monnoies. Le plus ordinaire est celui du cheval Pégase ; & tous les cabinets sont fournis de médailles d'argent avec ce symbole d'un côté , & la tête de Pallas de l'autre côté. Ces médailles pour la plupart n'ont point de légende , mais seulement l'ancienne lettre Ϙ sous le Pégase , ainsi qu'on l'a déja remarqué.

La premiere de cette planche avec le même symbole a pour légende au dessus de la tête de Pallas , les lettres ΚΟΡ qui sont les initiales de ΚΟΡΙΝΘΙΩΝ : celles d'argent qui contiennent pareille légende avec le même type sont rares. Elles pourroient appartenir également à la ville de *Corcyre* qui étoit une colonie des Corinthiens.

La suivante, nᵒ. 13 , qui n'a point de légende, est cependant remarquable par sa fabrique qui fait connoître qu'elle est d'une grande antiquité.

La médaille, nᵒ. 14 , l'est encore plus par le nom d'Alexandre qu'elle contient. Il y a tout lieu de croire que c'est comme premier magistrat de Corinthe, qu'Alexandre le Grand est

nommé

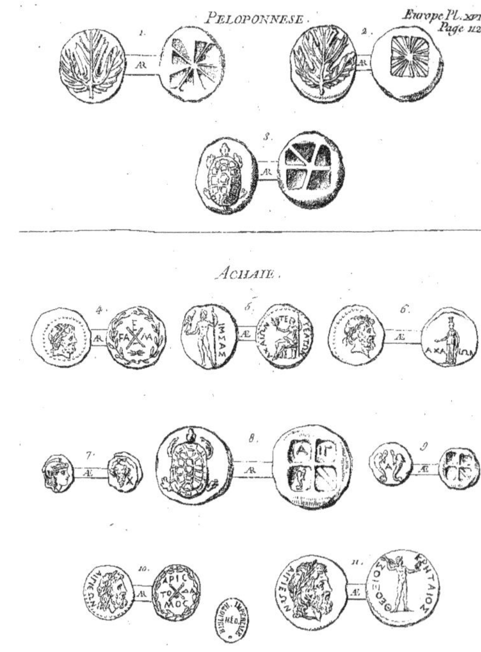

PELOPONNESE.
Europe Pl. XVI.
Page 112.
ACHAIE.

nommé fur cette médaille, après avoir été fait
citoyen de cette ville, comme Séneque le rapporte.

Corinthe avoit auffi pour emblême, ou fymbole, la Chimere, & cet emblême fe voit fur
la médaille d'argent, n°. 15, qui par cette raifon eft attribuée à Corinthe, quoiqu'elle n'ait
point de légende. Il y en a cependant quelques-
unes de Leucade, de Sériphe & de Séleucie qui
ont le même emblême. Au furplus cette médaille
n'a point été publiée jufqu'à préfent, non plus
que la précédente.

Il en eft de même de celle, n°. 16, qui a
pour type un trident, & pour légende κοριΝΘιΩΝ.
Toutes les médailles Grecques qui contiennent
le nom entier de cette ville font rares.

La fuivante, n°. 17, qui repréfente d'un côté
la tête de Cérès, & de l'autre côté deux épis avec
l'ancienne lettre ϙ fait voir que le terroir de
Corinthe étoit fertile en grains. C'eft ce que
défigne pareillement le type de la médaille latine qui fera ci-après rapportée au n°. 24.

CENCHRÉES,

La figure qui foutient de chaque main un
gouvernail de navire dans la médaille, n°. 18,

a fans doute rapport à la fituation de la ville de Corinthe fur un ifthme entre deux mers. Les lettres c e que l'on voit dans le champ font, fuivant les apparences, les initiales du nom d'un port appellé *Cenchreæ*, qui étoit auffi un des arfenaux de cette ville. On n'a point connoiffance que cette médaille finguliere ait été publié.

C'eft parce que les fix qui fuivent ne l'ont point été non plus, qu'elles font ici rapportées. On ignore la fignification des lettres qui précedent le nom de *Casfius* fur celle du n°. 23.

On trouve que le nom de *Lucius-Caninius-Agrippa* Duumvir, qui eft fur la médaille, n°. 24, fe lit de même fur plufieurs médailles différentes de l'Empereur Galba frappées à Corinthe. Deux autres Duumvirs de la même ville appellés l'un *Caninius-Agrippa*, & l'autre *P. Vipfanius-Agrippa*, y en avoient auffi fait frapper dès le temps d'Augufte. C'étoit, felon les apparences, des affranchis du gendre de cet Empereur.

PATRAS.

On n'a point de connoiffance que les Antiquaires qui ont vu & publié des médailles de *Patras* ayent apperçu que le monogramme ᴁ qu'elles ont presque toutes, contient les lettres ΠΑΤΡΕ. Il n'y a même sur celles qu'on rapporte ici, n°ˢ. 25 & 26, que ce seul monogramme au milieu avec un nom de magistrat dans le champ ; comme il n'y a que le monogramme ✕ sur les médailles communes à la contrée d'Achaïe, dans laquelle se trouvoit la ville de Patras : les unes & les autres se ressemblent entiérement par leur forme, fabrique & matiere.

Beger en a publié une semblable à celle du n° 27 ; & il a cru que le monogramme ᴁ avoit trait au surnom de Minerve Panchaïde, qui avoit un temple sous ce surnom dans la citadelle de Patras.

La médaille, n°. 28, qui a pour type Neptune debout lançant son trident, n'a point été publiée, ni la suivante, n°. 29, qui représente la haute montagne sur le penchant de laquelle la ville de Patras étoit située.

La derniere médaille de cette planche, & quatre autres à peu-près semblables qui sont dans cette collection, & qui ont pour type un aigle posé sur un foudre, ont été attribuées à la même ville, par rapport au monogramme ΤΑΡ qu'elles contiennent sans légende. Mais il faut

P ij

PLANCHE XVII.

autre S. III. p. 102.
autre S. IV. p. 41.

RHYPÆ. Médaille qui a pour légende ΡΥΨ. S. I. p. 31.

PLANCHE
XVII.

remarquer que les deux petits traits qui forment un ε dans les monogrammes des médailles précédentes, ne se trouvent point dans ce monogramme-ci, lequel est regardé par quelques Antiquaires, comme désignant la ville de Palerme, & par d'autres comme le monogramme de l'isle de Paros. A cette contrariété d'opinions, il faut ajouter que ce même monogramme se trouve sur plusieurs autres médailles, où il ne peut avoir été mis pour marquer les noms des villes où elles ont été frappées.

ΗLIS. ΕΛΕΙΔΙΩΝ. *Voyez*
S. I. *p.* 26.

ELIDE.

EURYDICIUM.

PLANCHE
XVIII.

Il y a dans le cabinet de Pembrock une médaille à peu-près semblable à la premiere de cette planche qui a pour légende ΕΥΡΤΔΙΚΕΩΝ. Strabon fait mention d'un bois sacré en Elide appellé ΕΥΡΤΚΙΔΙΩΝ, ou plutot ΕΥΡΤΔΙΚΙΩΝ, selon Xylander. Reste à savoir s'il étoit habité & assez peuplé, pour qu'il y ait été frappé des médailles. On ne trouve point non plus que les anciens Auteurs ayent parlé d'aucun autre lieu appellé du nom d'Eurydice.

ELIS. *médaille qui a pour légende*
ΕΛΕΙΔΙΩΝ. S. I. *p.* 28.

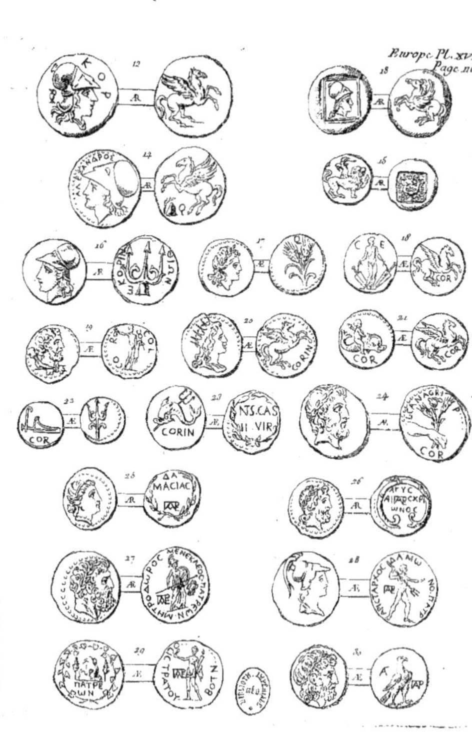

PYLOS.

GOLTZIUS a publié une médaille toute pareille à celle du n°. 2 , fur laquelle il a lu ΠΤΛΙΩΝ. Il n'y a fur celle-ci , & fur une autre de cette collection à peu-près femblable , que les deux lettres ντ dont la premiere eft formée d'une façon finguliere qui ne fe voit fur aucune autre médaille. Elles font l'une & l'autre des plus anciennes , comme leur fabrique le fait connoître.

Il y a eu trois villes du nom de *Pylos* dans le Péloponnefe ; favoir deux en Elide , dont la premiere étoit dans l'Elide proprement dite , & la feconde dans la Triphylie , canton particulier de l'Elide ; la troifieme étoit en Meffénie. On juge que les médailles ici rapportées , appartiennent à la ville de Pylos de Triphylie , parce que le type de la vache qu'elles contiennent a du rapport aux troupeaux de Nélée , pere de Neftor , dont il eft fait grande mention dans l'Hiftoire , & que c'étoit cette ville que Nélée habitoit , felon Strabon qui en fait un long récit. On a préféré en cela fon fentiment à celui de Paufanias qui penfoit que la *Pylos* où Nélée demeuroit , étoit celle de Meffénie.

PHEA.

ON attribue la médaille, n°. 3, à la ville de *Phea* en Elide, que les anciens Auteurs nomment auffi *Phia* & *Pheia*, laquelle étoit fituée fur un cap ou promontoire de même nom. Cependant, comme elle n'eft pas d'une entiere confervation, il fe pourroit qu'elle appartînt à quelque autre ville.

MESSENIE.

MESSÈNE.

ON ne trouve point que les Antiquaires ayent connu jufqu'à préfent des médailles d'argent de *Meffène*, du moins n'en ont-ils publié aucune. Il en y a quatre dans la préfente collection; favoir les trois ici rapportées fous les n°ˢ. 4, 5 & 6, & une autre femblable à celle du n°. 5, laquelle contient un nom de magiftrat différent, qui eft ΠΟΛΥΚΛΗΣ. C'eft fans doute la tête de Jupiter Ithomate qu'elles repréfentent. On lui avoit donné ce furnom dérivé d'Ithome, place forte ou citadelle des Mefféniens où il

avoit un temple célebre. C'étoit leur principale
divinité.

La plupart des médailles de bronze qu'ils ont
fait frapper, repréfentent auffi Jupiter debout,
tenant de la main droite un foudre dans les unes,
& une hafte dans les autres, & de la main gauche un aigle. Le trépied qu'on voit dans le
champ, eft vraifemblablement la repréfentation
de celui qui lui étoit confacré dans fon temple;
& la couronne, eft, felon les apparences, la
marque des victoires remportées. Entre plufieurs médailles de cette forte qui contiennent
des noms de magiftrats, entiers ou abrégés, on
donne feulement ici les deux qui font fous les
nᵒˢ. 7 & 8.

Toutes ces médailles qui ne contiennent pour
légendes que les lettres ME liées enfemble fuivies
quelquefois d'un ε, avec des noms de Magiftrats,
n'avoient pas apparemment été reconnues par les
Antiquaires, pour appartenir aux Mefféniens. Le
P. Hardouin a cru que celle du nᵒ. 7, où il
y a ΜΕΔΙΩΝ étoit d'une ville appellée *Medion*,
fituée près de l'Ætolie, felon Etienne de Byzance.

Les deux qui ont pour légende ΜΕϹϹΗΝΙωΝ ont
été publiées par Arrigoni. Il paroît par leur
fabrique qu'elles font d'un temps fort pofté-

rieur à celui où les autres ont été frappées.

THURIA.

On n'a point connoissance qu'il en ait été publié aucune autonome de la ville de *Thuria* en Messénie, dont est la médaille, n°. 12, ici rapportée. On en connoît seulement d'Impériales de cette ville. Outre les deux que Vaillant a publiées, on en a plusieurs autres de Severe, de Caracalla & de Geta, sur lesquelles avec la légende ΘΟΥΡΙΑΤΩΝ il y a les lettres ΛΛ dont Vaillant n'a point fait mention. Elles désignent que la ville de *Thuria* étoit alors sous la puissance des Lacédémoniens, à qui Auguste l'avoit donnée pour punir les Messéniens de ce qu'ils avoient pris le parti de Marc-Antoine.

PYLOS.

Le monogramme ⌐Ⅴ que l'on voit sur la derniere médaille de cette Planche, est réputé contenir les deux premieres lettres de ΠΥΛΙΩΝ. On attribue à la ville de *Pylos* en Messénie, les médailles où ce monogramme se trouve, parce que le type du trident désigne une ville maritime; & Pausanias dit positivement que c'étoit un port. Elle ressemble d'ailleurs aux médailles de
Messène

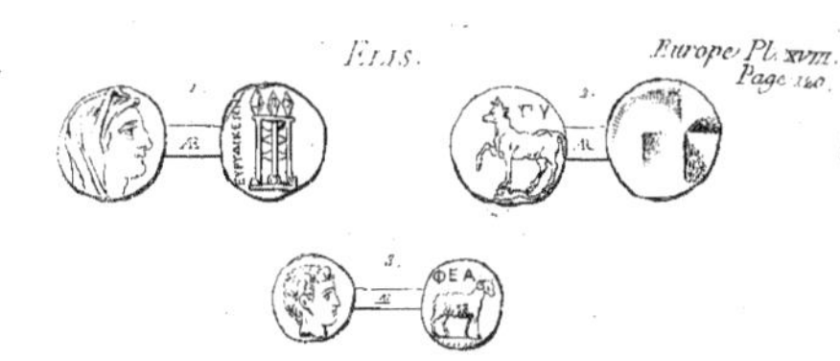

MESSENIE.

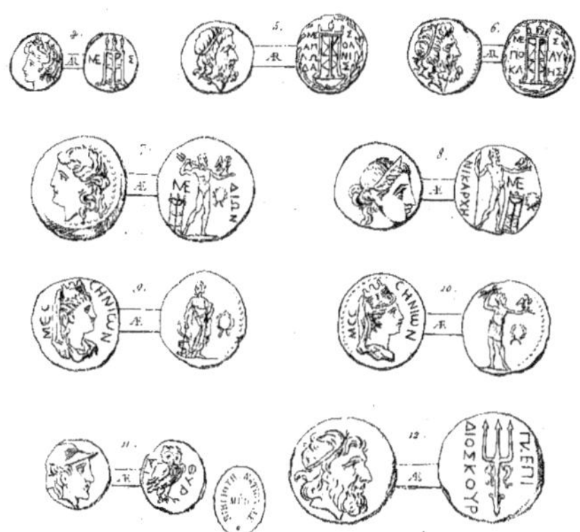

Meſſène par ſa fabrique, & nullement aux médailles d'Elide où il y avoit des villes de même
nom, dont on a ci-devant fait mention. De plus,
l'on trouve dans les autres médailles de Meſſène
des noms de Magiſtrats, comme il y en a dans
celle-ci, & l'on n'en trouve point dans les médailles d'Elide.

Planche
XVIII.

L A C O N I E.

Il eſt bien extraordinaire qu'on n'eût pas encore vu de médailles d'argent des Lacédémoniens, quand MM. Oudinet & de Boze rapporterent à l'Académie des Inſcriptions & Belles-
Lettres, qu'il n'y en avoit *certainement* que de
bronze. La préſente collection en contient ſept
d'argent dont deux ſeulement ſont ici rapportées ſous les nᵒˢ. 1 & 2 : les cinq autres ne different de celles-ci que par des monogrammes
ou des lettres qui ſont vraiſemblablement des
initiales de nom de magiſtrats. Le type du vaſe
& des bonnets des Dioſcures qu'elles repréſentent, eſt commun ſur les médailles de bronze,
dont M. Oudinet a fait mention dans les Mémoires de l'Académie où il a donné celles qu'il connoiſſoit, tant Autonomes qu'Impériales. Depuis

Planche
XIX.

Haym & Arrigoni en ont publié quelques autres.

LACÉDÉMONE ou SPARTE.

On ne connoît que deux médailles qui
contiennent le nom entier des Lacédémoniens
ΛΑΚΕΔΑΙΜΟΝΙΩΝ. L'une a été publiée par M. Oudinet, & l'autre par Arrigoni. Il s'en trouve de
pareilles dans cette collection. Les autres n'ont
que les lettres ΛΑ comme celles d'argent. Toutes celles qui contiennent ces deux lettres font
jugées appartenir aux Lacédémoniens ; & comme elles étoient communes à toute la Laconie,
il n'y a pas lieu de douter qu'elles n'ayent été
frappées à Sparte.

Il n'en a été publiée aucune ~~des~~ Autonomes qui ~~ayent~~ ait pour types une lyre & un bouclier, comme celles qu'on voit ici fous les n.^os.
4 & 5.

Là fuivante, n°. 6, eft finguliere par la légende ΚΑΙϹΟΡΑΤΑ qu'on lit autour d'une tête
de femme voilée. On ignore ce que ce mot
peut fignifier. Si c'eft un nom de femme ou d'une
déeffe, ce nom-là eft inconnu : quant au cerf
qu'on voit de l'autre côté, c'eft un type relatif
à Diane qui étoit révérée particuliérement en

N.ᵃ il faut en excepter des
médailles de la ville de Lamia
qui n'ont que ces deux seules
lettres pour legende. on trouve
aussi ces deux mêmes lettres
grecques fur des médailles
phéniciennes

autre médaille S. IV. p. 40
de la ville de Béryte.

Laconie, où elle avoit un grand nombre de temples & de statues, au rapport de Pausanias.

La médaille, n°. 7, où elle est représentée en habit de chasse, en est un autre exemple. Arrigoni en a publié une semblable, mais sans nom de magistrat.

Il en a aussi rapporté une pareille à celle du n°. 8, qui est remarquable non-seulement par le nom d'*Aristocrate* qui est d'un côté au milieu d'une couronne, mais encore par les deux têtes accolées qui font de l'autre côté ; l'une d'homme ceinte d'un diadême, & l'autre de femme. Reste à savoir de qui font ces deux têtes, & qui est cet *Aristocrate*, dont le nom est inscrit d'une façon si distinguée dans cette médaille.

Haym en a aussi publié une à peu-près semblable à celle du n°. 9, qui a d'un côté pour type un aigle, & de l'autre côté la tête nue d'un jeune homme. Il dit que ce pourroit être celle d'Hyacinthe fils de Lacédémon. Sur celle-ci il y avoit une légende, dont il ne reste de bien lisible que les lettres ... MANI... lesquelles ne peuvent faire partie du nom d'Hyacinthe. Parmi plusieurs autres de cette collection qui ont le même type de l'aigle avec des lettres différentes à droite & à

Q ij

gauche, & de l'autre côté des têtes nues, mais diſſemblables, il s'en trouve une qui avoit auſſi une légende, dont il ne reſte que des veſtiges indéchiffrables. La tête qui y eſt repréſentée eſt plus jeune que dans celle du n°. 9, & reſſemble beaucoup à celle de Ptolémée XIII, dernier Roi d'Egypte, frere de Cléopatre.

A S I N E.

IL y avoit en Grece pluſieurs villes appellées *Aſine*. Les deux de ce nom les plus diſtinguées étoient l'une en Meſſénie, & l'autre en Laconie, toutes deux maritimes. C'eſt à la ville d'*Aſine*, de Laconie, que la médaille, n°. 10, eſt attribuée, tant par rapport à ſa reſſemblance avec les médailles Lacédémoniennes, que par rapport à ſon type, & à la tête d'Hercule, divinité qui étoit auſſi fort révérée par les Lacédémoniens.

D Y R R H A C H I U M.

ON A déja rapporté des médailles, dont les légendes qui paroiſſent ne contenir qu'un mot, en contiennent deux comme ſont celles ſur leſ quelles on lit ΠΥΒΑΣΤΕΙΝΩΝ & ΣΤΑΟΨΙ.

Il en est de même de la médaille, n°. 11, qui a pour légende ΔΥΡΛΑΚΟ, & des deux suivantes, comme il sera marqué ci-après. Cette légende ΔΥΡΛΑΚΟ est pour Δυρραχίων Λακώνων, & désigne expressément la ville de Dyrrachium de Laconie, dont Etienne de Byzance fait mention.

TALETES.

LE P. Hardouin a rapporté une médaille du cabinet du Roi, pareille à la premiere des deux suivantes, n°s. 12 & 13 ; & il a douté si elle contenoit un nom de magistrat, ou un nom de ville. Mais ce sont deux mots joints ensemble, savoir, ΛΟΓΓΟΣ & ΤΑΛΗΤΩΝ qu'il faut séparer : λόγγος signifie proprement un lieu fermé & clos, pour ainsi dire, de tous côtés. Il ne faut pourtant pas inférer de-là que pareils lieux fussent de peu d'étendue, puisqu'ils étoient susceptibles d'avoir des commandants ou gouverneurs appellés λογγῖνοι & λογγάρχαι. * Suivant cette signification du mot λόγγος, on doit entendre par λόγγος Ταλήτων le

P LANCHE
XIX.

e M. l'abbé Barthelemy a attaqué cette explication. J'y ai répondu S. IV. p. 91.

(*) Suivant le Dictionnaire de Meursius, ces termes étoient d'usage dans le bas Empire, & il y a lieu de présumer que les Lacédémoniens qui avoient un dialecte particulier s'en servoient dans les anciens temps.

lieu des *Taletes*, le canton qu'ils habitoient. Or, selon Paufanias, le *Talet* étoit fitué fur le fommet du mont Taygete ; voici comme il en parle: ἄκρα δὲ τῦ Ταυγέτυ Ταλετὸν ἀνέχει. Ταύτην ἡλίυ καλῦσιν ἱεράν, &c. Il y a des Interpretes qui ont conclu de ces termes que le *Talet* étoit un édifice, un temple ; mais ils fignifient que c'étoit un lieu au fommet de la montagne qui en cet endroit-là étoit confacré au foleil, & où on lui offroit des chevaux en facrifice. Paufanias parle encore du *Talet* dans un autre endroit, comme d'un lieu, difant qu'il étoit proche d'un autre lieu appellé *Evoras*, où il y avoit beaucoup de bêtes fauvages.

La feconde médaille, n°. 13, qui a la même légende, contient de plus d'autres lettres de chaque côté, lefquelles ne font pas bien lifibles, parce qu'elle n'eft pas d'une entiere confervation. Il y a apparence que celles qui font du côté de la tête, marquoient le nom du grand-Prêtre du Soleil. Cette tête eft différente de celle qui eft fur l'autre médaille, laquelle n'a que la légende λόγγος Ταλήτων. Elle eft ceinte d'un large bandeau, en forme de diadême, ce qui fait juger qu'elle repréfente le grand-Prêtre qui exerçoit peut-être une efpece de fouveraineté en ce lieu-là, comme les grands-Prêtres l'exer-

çoient en plusieurs autres endroits : il y a tout
lieu de croire aussi que le grand trépied que ces
médailles ont pour type , a rapport au culte
qui s'y rendoit au Soleil.

PLANCHE
XIX.

M A L É E.

BEGER a rapporté une médaille pareille à la
premiere des trois dernieres de cette planche.
Le lieu où elles ont été frappées , étoit un cap
ou promontoire fort renommé par le danger
que couroient les Navigateurs en le doublant,
la mer y étant très-souvent orageuse. Les deux
dernieres n'ont qu'une grande *M* au milieu,
avec des noms de Magistrats , ou des monogrammes. Elles font connoître que ce promontoire étoit habité , puisqu'on y frappoit de la
monnoie. Cependant aucun Auteur n'en fait
mention sur ce pied-là, & tous les anciens Ecrivains n'en parlent que sous le nom de promontoire. Il n'y a que Pausanias qui fasse mention
nommément des habitants de *Malea* à l'occasion de Silene qui, dans une Ode de Pindare,
est dit avoir été élevé par un citoyen de ce lieu-
là. On l'appelle encore aujourd'hui le cap *Ma-*
lée ou le cap *Malio.*

L'oiseau volant qui est au revers de ces médailles, est un type qui se trouve sur plusieurs autres des lieux maritimes, & sur celles de différentes isles de la Méditerrannée. Les Antiquaires donnent communément le nom d'aigles aux oiseaux qui font représentés volants sur ces sortes de médailles; mais ils ressemblent beaucoup plus à des pigeons ou colombes, qu'à des aigles.

ARGOLIDE.

Tous les Antiquaires ont parlé des médailles des Argiens. Elles ont d'un côté, presque toutes, & principalement celles d'argent, un grand *A* initial de leur nom, qui y est quelquefois seul, & le plus souvent accompagné de noms de magistrats. Sur l'autre côté, c'est la figure d'un loup debout ou à mi-corps. Les Argiens prirent cet emblême en mémoire d'un événement qui fit terminer un procès qu'il y avoit entre deux prétendants au royaume d'Argos, savoir, *Gelanor* & *Danaüs*. Le jour qu'il devoit être jugé, un loup ayant attaqué un taureau avec un troupeau de vaches qui paissoient sous les murs de la ville, ils regarderent cet événement comme un augure;

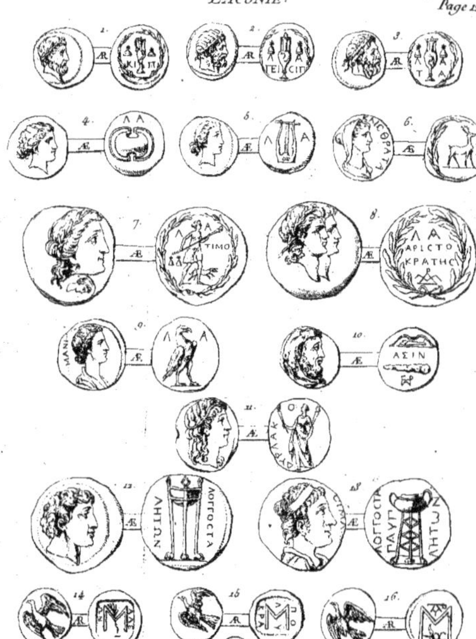

augure ; & comparant *Gelanor* au taureau, & *Danaüs* au loup, ils déclarerent que celui - ci devoit avoir la préférence. Enfuite *Danaüs* croyant avoir été favorifé en cette occafion par Apollon, il lui confacra un temple fous le nom d'*Apollon-Lycæus.*

A R G O S.

LA premiere médaille de cette planche qui a pour type d'un côté un loup à mi-corps, & un grand A feul de l'autre côté, eft de la plus haute antiquité, comme le champ concave du revers & le refte de fa fabrique le font connoître.

Les médailles, n°s. 2 & 3, ne different de la précédente que par leur fabrique qui n'eft pas fi ancienne, & par les noms des magiftrats qu'elles contiennent en abrégé, ou en entier. Il y a beaucoup de ces fortes de médailles d'argent, avec différents noms de magiftrats & avec dif-férents fignes qu'on eftime être des marques de Monétaires.

Les médailles autonomes des Argiens con-tenant la légende entiere ΑΡΓΕΙΩΝ, font auffi ra-res que celles des Lacédémoniens avec la légen-de ΛΑΚΕΔΑΙΜΟΝΙΩΝ. Celle du n°. 4, repréfente un loup debout, ainfi que celle, n°. 5. Dans celle-ci

PLANCHE
XX.

Cette médaille est de la ville d'Argos Amphilochium en Acarnanie, comme je l'ai marqué S. I. p. 49.

la tête qu'on voit de l'autre côté, est inconnue: dans la précédente, c'est la tête d'Apollon.

Les médailles dont les légendes sont écrites au-dessus du front des têtes qu'elles représentent, soit sur un bandeau ou diadême, soit sur une espece de panier ou bonnet dont elles sont couvertes, comme dans celle, n°. 6, sont très-rares. Il en a été ci-devant rapporté une de cette sorte de peuples appellés *Falisci* en Italie. On en connoît aussi une consulaire avec le nom ᴺᵛᴹᴀ écrit de la même maniere.

Celle du n°. 7 n'est ici rapportée qu'à cause du monogramme Ⱥ qu'elle contient : on l'a attribuée aux Argiens, parce que ce monogramme est composé des trois premieres lettres de leur nom ; mais cette médaille qui a pour type un aigle, & qui differe aussi par la fabrique des précédentes, pourroit bien appartenir à d'autres peuples.

ÉPIDAURE.

Cette ville a pris le titre de sacrée sur une médaille d'Antonin S. II. p. 96.

LE monogramme Ɛ qu'on voit sur la médaille, n°. 8, est reconnu par tous les Antiquaires pour être celui de la ville d'*Épidaure*, en Argolide, laquelle étoit consacrée à Esculape, ainsi que tout son territoire appellé *Épidaurie* ; parce qu'on prétendoit que sa mere l'y avoit expoſé, après ſa naiſſance, ſur une montagne, où Planche XX. il fut conſervé d'une façon miraculeuſe, y ayant été allaité par une chevre, & gardé par un chien du troupeau, dont cette chevre s'étoit ſéparée. La tête qui eſt ſur un côté de cette médaille, repréſente ſans doute Eſculape. La figure du revers qui tient un ſerpent de la main droite, & une patere de la main gauche, repréſente ou *Hygieia* qui paſſoit pour être ſa fille, ou une prêtreſſe du temple célébre qu'il avoit à Epidaure. A l'égard du ſerpent auquel il paroît que cette figure donne à manger, Pauſanias, qui dit que les ſerpents en général étoient conſacrés à Eſculape, ajoute que cette prérogative appartenoit cependant à une eſpece particuliere qui n'étoit point nuiſible aux hommes, & que l'*Epidaurie* etoit le ſeul pays où il s'en trouvoit.

C'eſt auſſi la tête d'Eſculape qui eſt repréſentée ſur la médaille, n°. 9, laquelle avec le monogramme E¹ au revers, repréſente un loup, ſymbole général de l'*Argolide*.

On voit ſur la médaille, n°. 10, la tête d'Apollon qui devoit être révéré à Epidaure où il étoit ſans doute reconnu pour être pere d'Eſculape. Au lieu du monogramme E¹ qui eſt au milieu d'une couronne ſur cette médaille, il

Autre autonome avec un Coq et une Chevre, S. II. p. 97.

R ij

n'y a fur la fuivante, n°. 11, que la lettre ε au milieu d'une pareille couronne, & la lettre π au-deffous.

CLÉONES.

Il y avoit en Grece plufieurs villes appellées *Cléones*. La médaille, n°. 12, doit être de la ville de ce nom qui étoit en Argolide. Ce qui la lui fait attribuer, c'eft qu'elle repréfente la tête d'Hercule qui, fuivant l'hiftoire ou la fable, tua un lion d'une énorme grandeur dans un bois près de cette ville.

TROEZENE.

GOLTZIUS a publié deux médailles de *Troezene*, différentes de la derniere de cette Planche, laquelle a pour type un trident : c'étoit, comme le dit Paufanias, le fymbole particulier de cette ville, qui étoit repréfenté fur fes anciennes monnoies.

ARCADIE.

ARCADIENS.

On ne connoît point de médailles qui contiennent le nom des Arcadiens ΑΡΚΑΔΙΩΝ, fi ce

ARGOLIDE.

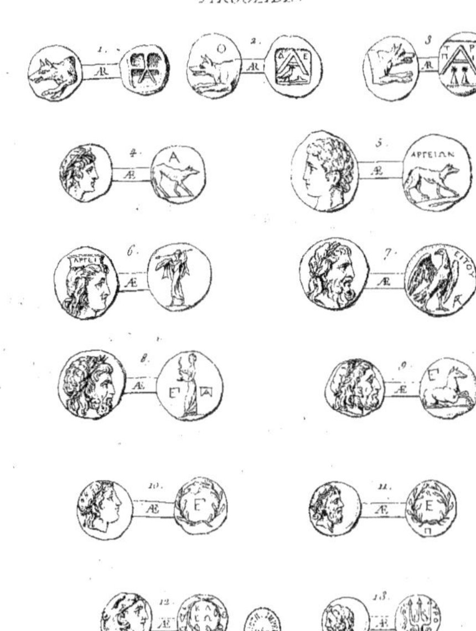

n'eſt celles que Goltzius a publiées, mais qui ſont plus que ſuſpeétes. Toutes les médailles qui font reconnues pour leur appartenir, nont communément au lieu de légende que le monogramme Æ qui contient les trois premieres lettres de leur nom. La plupart ſont d'ailleurs reconnoiſſables par le Dieu Pan qu'elles repréſentent avec deux petites cornes au-deſſus du front. On ſait que c'étoit la principale divinité des Arcadiens. Il eſt repréſenté ſur les deux premieres médailles de cette Planche, aſſis ſur un rocher, la main droite étendue, & tenant ſon bâton paſtoral de la main gauche. La tête qui eſt de l'autre côté, eſt celle de Jupiter. On a beaucoup de ces médailles d'argent dont les unes ont dans le champ le monogramme rapporté ci-deſſus ; & les autres, différentes lettres qui y font réparties, & qui ſont vraiſemblablement des initiales de noms de Magiſtrats.

Les médailles, n°s. 3 & 4, repréſentent d'un côté la tête de Pan, & ont de l'autre côté pour type le monogramme Æ. On a cru que ce qui eſt au-deſſous repréſentoit une flûte champêtre, parce que cette ſorte de flûte étoit un attribut de Pan qui l'avoit inventée, & qu'on le voit, tenant cet inſtrument, ſur d'autres mé-

PLANCHE XXI.

dailles & fur des pierres gravées. Mais ce qu'il y a dans ces médailles-ci fous le monogramme, ne reffemble point à la flûte champêtre qui étoit compofée de fept tuyaux inégaux ; c'eft plutôt, felon les apparences, une de ces corbeilles myftiques appellées *Ciftæ*, que l'on trouve figurées de la même maniere fur beaucoup d'autres médailles, & dont le P. Panel a fait ample mention dans fon Traité des *Ciftophores.* Ces fortes de corbeilles fe portoient apparemment avec grande pompe & cérémonie dans les fêtes de Pan, de même qu'elles étoient portées dans les fêtes de Bacchus, de Priape, de Cérès, Proferpine & autres divinités ; & probablement à l'occafion de ces fêtes on frappoit des monnoies qui les défignoient par la corbeille qui y étoit repréfentée. Il ne faut pas s'arrêter aux médailles qui ont été publiées par Goltzius, où prenant ces corbeilles pour des flûtes champêtres, il les y a figurées avec fept tuyaux. Il n'a pas mieux interprété les lettres réparties autour du monogramme, ayant cru voir dans une ΑΡΙΜ, & dans une autre ΑΡΙΜΕΙΝΩΝ. Le P. Hardouin qui auroit bien dû s'appercevoir qu'elles appartenoient aux Arcadiens, les a référées, comme Goltzius, à la ville de *Rimini* en Italie.

Il eſt à propos d'obſerver que ſur les médail-
qu'on vient de rapporter, Pan eſt repréſenté ſans
pieds de chevre & ſans barbe. Si, ſur d'autres
médailles & d'autres monuments, il eſt figuré
avec de la barbe & des pieds de chevre, il n'en
doit être cherché d'autre raiſon, ſinon que les
différents peuples le figuroient de différente maniere, ſuivant les idées qu'ils s'en étoient formées, & ſuivant les attributs qu'ils lui don-
noient.

Les deux médailles, nᵒˢ. 5 & 6, ſe reſſemblent
par la forme & la fabrique, de même que par
la tête de Jupiter qui eſt d'un côté, & par la
couronne de chêne qui eſt de l'autre côté. Par
conſéquent la lettre A qui eſt ſeule au milieu
de la couronne dans la ſeconde, ne déſigne pas
moins le nom des Arcadiens que le monogramme A qui eſt pareillement au milieu de la couronne dans la premiere.

A L E A.

CELLE du nᵒ. 8 paroît entiere, & appartenir
à la ville d'*Alea* en Arcadie. Cependant la premiere lettre de la légende ΑΛΕΩΝ étant préciſé-
ment au bord de la médaille, il ſe pourroit bien
qu'il en manquât quelque autre devant, d'au-

PLANCHE
XXI.

tant plus que lorfqu'elle a été frappée, le coin a gliffé, & formé au revers deux têtes comme accolées, au lieu qu'il devroit n'y en avoir qu'une.

EVA.

IL n'y a rien à ajouter à ce que le P. Hardouin & Beger ont dit fur la médaille, n°. 7, & fur d'autres à peu-près femblables publiées par Goltzius, fi ce n'eft qu'il eft fort douteux qu'elles foient de la ville d'*Eva* en Arcadie, comme ils l'ont penfé (*). La fabrique des médailles reconnues pour être de cette contrée-là & des contrées voifines, eft tout-à-fait différente. Celle-ci reffemble beaucoup au contraire à des médailles de la Cyrénaïque, & il y a toute apparence qu'elle y a été frappée.

MANTINEA.

IL n'a été publié jufqu'à préfent aucune médaille Autonome de la ville de Mantinée. On lit bien MANTINEΩN fur celle qu'on rapporte ici, n°. 9, mais il n'y a que MAN fur la fuivante, n°. 10, qui eft peut-être d'une autre ville.

(*) Pareille Obfervation à été faite par M. l'Abbé Barthelemy ; *Mém. de l'Acad. tom.* XXVI.

MEGALOPOLIS.

MEGALOPOLIS.

LES médailles, n°s 11 & 12, qui ont pour légende les lettres MEΓ initiales de *Megalopolis*, font fans difficulté de cette ville, qui étoit la capitale de l'Arcadie. Elles reſſemblent entiérement par leur forme & fabrique, ainſi que par la figure de Pan qui y eſt repréſenté, aux médailles précédentes des Arcadiens, qui étoient communes à toute la contrée, & qui fans doute avoient été frappées dans la même ville. Goltzius en a publié deux toutes pareilles avec la légende ZEΦΥΡΙΩΝ fur l'une, & ZEΦΥΡΙΩΤΩΝ fur l'autre, leſquelles ont été attribuées par Nonnius au promontoire de ce nom, en Paphlagonie. Le P. Hardouin, qui l'en a repris juſtement, les a attribuées de fon côté à la ville de *Zephyrium* fituée fur un promontoire de même nom en Cilicie. Mais fi Goltzius a bien lu les légendes de ces médailles, il faut qu'il y eût en Arcadie une ville appellée *Zephyrium*, ou que fi elles font de quelqu'un des promontoires appellés *Zephyrium*, il y eût une colonie d'Arcadiens fur ce promontoire; auquel cas ce feroit vraiſemblablement celui de l'iſle de Crete où ces

peuples avoient paſſé, & avoient même une
ville de leur nom.

Vaillant n'a publié aucune médaille Impériale de *Megalopolis*. On en a deux ; l'une de
Sévere, l'autre de Caracalla.

STYMPHALUS.

GOLTZIUS a auſſi publié une médaille ſemblable à celle du n°. **13**, qu'il a, ſelon les apparences, deſſinée peu exactement : la figure
d'Hercule qu'elle repréſente n'y portant point,
comme dans la préſente, un arc de la main
gauche ; ce qui a donné occaſion au P. Hardouin
de dire, au ſujet de cette médaille, qu'Hercule
n'avoit point tué les oiſeaux ſtymphalides avec
ſa maſſue, mais avec des fleches : c'eſt ce qu'il
n'auroit pas eu ſujet d'obſerver ſi la médaille
de Goltzius avoit été bien deſſinée. Dans celle-
ci Hercule eſt repréſenté portant les armes différentes dont il s'étoit ſervi dans ſes différents
travaux.

La ſuivante, n°. **14**, eſt ſinguliere & remarquable, non-ſeulement par la maniere dont la
légende eſt écrite de droite à gauche, mais auſſi
par le type du col & de la tête de l'oiſeau
ſtymphalide que l'on n'avoit point encore vu

figuré, comme il l'eſt ſur cette médaille. Cette
figure diffère tout-à-fait de celle qui ſe voit ſur
une médaille de la famille Valeria, où Spanheim
avoit cru qu'étoit repréſenté un oiſeau ſtymphalide. Elle confirme ce que Pauſanias dit au
ſujet de cette eſpece d'oiſeau, qu'il reſſembloit
aux cicognes, à la différence qu'il avoit le bec
beaucoup plus fort & non recourbé, comme
l'ont les cicognes.

PLANCHE
XXI.

T E G E A.

IL n'a point été publié juſqu'à préſent de
médailles de la ville de Tégée en Arcadie, ſi
ce n'eſt celle du roi *Aleus* qui a été donnée par
Haym dans le *Teſoro Britannico*, & qui ſe trouve
auſſi dans le nouveau Recueil de Médailles de
Rois, imprimé en 1761, par Guerin & Delatour.

Celle du n°. 15 eſt à peu-près ſemblable à
la médaille ci-devant rapportée au titre de l'A-
chaïe, avec la même légende ΑΧΑΙΩΝ ΤΕΓΕΑΤΩΝ
d'un côté, & un nom différent de magiſtrat de
l'autre côté. Ces médailles marquoient l'alliance
des Tégéates avec les Achéens.

Le type de la ſuivante, n°. 16, qui repréſente Minerve debout, & devant elle une jeune
fille qui lui préſente un vaſe, eſt à peu-près ſem-

S ij

PLANCHE
XXI.

blable au type de la médaille d'*Aleus*. Ce type a rapport à ce que dit Paufanias, favoir, que Minerve furnommée *Alea*, avoit à Tégée un temple où fon facerdoce étoit exercé par une jeune fille. A l'égard des lettres A A qu'on voit fur cette médaille, elles peuvent marquer auffi que les Tégéates avoient été pendant un temps alliés des Lacédémoniens, ou plutôt que la ville de Tégée étoit fous la puiffance des Lacédémoniens, lorfque la médaille y a été frappée. On a ci-devant remarqué que c'eft par cette raifon que les mêmes lettres A A fe trouvent fur des médailles de la ville de *Thuria* en Meffénie.

Celle du nᵒ. 17, n'a point été publiée, non plus que la précédente. C'eft fans doute la tête de Minerve *Alea* qui y eft repréfentée d'un côté. Quant à la figure qui eft de l'autre côté, il y a lieu de juger que c'eft celle de Mars qui avoit un temple à Tégée, & qui étoit furnommé *Aphnæus* par la raifon que Paufanias en donne, favoir, que ce Dieu eut un enfant d'*Ærope*, fille de Céphée & petite fille d'*Aleus*, laquelle mourut en accouchant; & que cet enfant trouva à têter les mamelles de fa mere qui étoient pleines de lait; ce que les Tégéates regarderent comme un miracle opéré par Hercule, en faveur de fon fils qui fut nommé

Æropus du nom de fa mere. On a une médaille
Impériale de cette ville qui eft de Septime-Sévere
& qui repréfente Hercule debout , la main
droite appuyée fur un bouclier, & tenant une
hafte de la main gauche.

PLANCHE
XXI.

P H E N E O S.

ON ne trouve point qu'il ait été publié de
médailles Autonomes de la ville de *Pheneos* en
Arcadie. Vaillant en a rapporté deux Impériales
avec la légende ΦΕΝΕΑΤΩΝ. La légende de la
derniere de cette planche eft ΦΕΝΕΩΝ. L'enfant
que Mercure porte fur fon bras eft *Arcas* dont
le nom eft infcrit fur la médaille. Il étoit fils
de Jupiter & de Califto. Paufanias raconte qu'a-
près la mort de Califto, qui étant groffe, fut
changée en ourfe par Junon , & tuée enfuite
par Diane, Jupiter ordonna à Mercure de fau-
ver l'enfant qui devint roi d'Arcadie.

A T T I Q U E.

IL n'y a gueres dans l'Attique que la ville
d'Athenes qui ait fait frapper des monnoies.
Cette ville eft trop connue pour qu'il foit befoin

PLANCHE
XXII.

d'en rien dire ici. Il n'y doit être queſtion que de ſes monnoies ou médailles , qui en général ſont auſſi communes qu'elles ſont nombreuſes. Tous les Antiquaires en ont parlé. Haym, entre autres, s'eſt attaché particuliérement à donner dans le *Teſoro Britannico* , toutes celles des différents cabinets d'Angleterre , qu'il a trouvées avoir quelques différences , ſoit dans la forme , la matiere & le poids , ſoit dans les types & autres ſingularités qu'il a pu y remarquer.

Il y en a cependant pluſieurs dans la préſente collection qui lui ont été inconnues, ainſi qu'aux autres Antiquaires. On va les donner avec quelques remarques , & l'on y en joindra quelques-unes qui ne ſe trouvent que dans des ouvrages particuliers.

ATHENES.

ON n'a point de connoiſſance qu'il en ait été publié aucune d'Athenes en or. La premiere de la planche XXII, qui eſt ſans légende, & d'une grande antiquité , comme ſa fabrique le démontre , eſt attribuée à cette ville à cauſe de la chouette qui y eſt repréſentée , & qui étoit ſon ſymbole particulier. A l'égard de la chevre qui eſt de l'autre côté , on obſerve que ſur pluſieurs

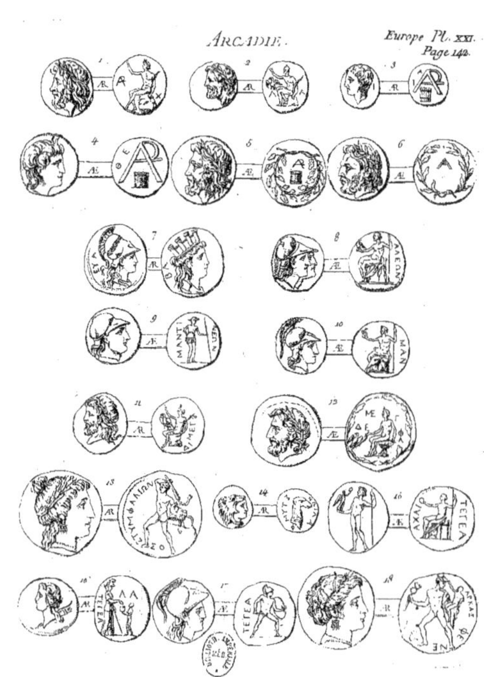

ARCADIE.
Europe Pl. XXI.
Page 142.

des premieres médailles frappées en différentes villes Grecques, il y a des chevres repréfentées de différentes manieres : Haym en rapporte une en bronze d'Athenes qui repréfente d'un côté une chevre accroupie, & de l'autre côté la tête de Minerve.

A l'occafion de cette médaille d'or, on croit devoir auffi obferver qu'il s'en trouve plufieurs de même métal, de même module & de même poids (*) dont la plupart n'ont point de légende, & contiennent feulement d'un côté des têtes foit d'hommes, de femmes, foit de divinités, & de l'autre côté des types, ou fymboles des villes qui les ont fait frapper. D'autres ont, au lieu de légende, la premiere lettre du nom de ces villes ; mais pour le plus grand nombre, elles ne contiennent aucune marque affez diftinctive pour pouvoir reconnoître à quelles villes elles appartiennent : on en raportera ci-après de ces trois efpeces.

La feconde d'or eft de fabrique moins ancienne que la premiere, & peut-être de fabrique moderne. Les lettres ΣΩ qui font dans le champ fe trouvent au bas de plufieurs médaillons d'argent de cette ville. Le P. Hardouin pré-

(*) Elles pefent de 48 à 50 grains.

† Dans le Cabinet du Roy y a un une grande quantité de médailles qui y font mifes à part comme inconnuës, il y en a plufieurs en or et en argent qui font femblables en tout a celle d'or ici rapportée ; ce qui avoit fait douter de l'authenticité et de l'antiquité de cette médaille, c'eft qu'on la regardoit comme unique et qu'elle eft d'une meilleure fabrique que toutes les autres médailles connuës de la ville d'Athenes. Mais les médailles d'argent femblables par la tête et par le type, que j'ai rapportées cy devant page 66. a la ville de Tarente, font connoître que celles cy et celles du Roy en or, appartiennent également a la ville de Tarente.

N°. la médaille d'argent que j'ai de Tarente avec la Chouette et la legende TARANTINON.

tend qu’elles doivent être rendues par Σωτὴρ ou Σώτειρα sur les médailles où elles se trouvent.

Parmi les médaillons d’argent qui sont dans cette collection, plus de soixante contiennent, avec le type ordinaire de la chouette, différents noms de magistrats & différents monogrammes, figures, plantes, fleurs, instruments & autres marques qui pouvoient avoir rapport, soit aux monétaires, ou aux magistrats qui les ont fait frapper ; soit aux fêtes, jeux & autres circonstances qui avoient donné lieu à leur fabrication. Comme tout ce que ces médaillons représentent, exigeroit des explications longues & étendues, que la brieveté qu’on s’est proposé dans ce Recueil, ne permet pas d’y insérer, on se dispense d’en rapporter aucun, d’autant plus que les Antiquaires en ont déja publié un assez grand nombre.

La médaille d’argent, n°. 3 , qui a pour légende ΔΗΜΗΤΡΙΟΥ, est d’une meilleure fabrique, que ne sont toutes les autres médailles d’Athènes, lesquelles en général sont fabriquées grossiérement. Il ne paroît pas qu’on ait encore trouvé la véritable raison pour laquelle dans une ville où les Arts étoient portés au plus haut point de perfection, la fabrique des médailles

ou

monnoies a refté conftamment dans fa premiere rudeffe (1). Si celle que l'on rapporte ici, n'a pas été frappée dans une autre ville , les Athéniens feront fortis de l'ufage ordinaire pour faire plus d'honneur à celui dont le nom y eft infcrit. L'Hiftoire nous apprend qu'ils comblerent *Demetrius-Poliorcetes*, roi de Macédoine, des plus grands honneurs, pour avoir procuré la liberté à leur ville opprimée par des tyrans. Il eft aifé de concevoir qu'ils aient fabriqué avec fon nom des monnoies plus élégantes que ne l'étoient celles d'un ufage commun.

Parmi les médailles de bronze de cette collection, les plus remarquables font les fuivantes.

Celle du n°. 4, repréfente l'Acropole (2); on voit le temple qui y étoit, la ftatue de Minerve pofée près de la porte de la forterefle , & les degrés pour y monter. C'eft peut-être le feul monument antique où l'Acropole foit ainfi repréfentée.

La médaille, n°. 5, repréfente deux Caryatides adoffées ayant une efpece d'architrave fur la tête, telles que Vitruve dit qu'elles étoient figurées

---

(1) Cette Obfervation fe trouve rapportée dans le tome IV des Antiquités de M. le Comte de Caylus.

(2) M. le Comte de Caylus a auffi rapporté cette médaille, & trois autres fuivantes.

par les architectes Grecs dans les ornements des grands édifices. Les Athéniens ont voulu apparemment, en les représentant de cette maniere sur leurs monnoies avec la tête de Minerve victorieuse, ΑΘΗΝΑΣ ΝΙΚΗΦΟΡΟΥ, perpétuer encore plus par ce moyen la mémoire de l'événement qui avoit rendu les femmes de Carye leurs esclaves après la destruction entiere de cette ville, & des hommes qui l'habitoient.

Les deux médailles, n°s. 6 & 7, représentent Thésée combattant le Minotaure, type singulier qu'on n'avoit point encore vu sur aucune médaille. Ce qui les rend encore plus remarquables, c'est que le Minotaure y est représenté avec un corps humain, & une tête de taureau, ainsi qu'on l'a déja marqué. Pausanias raconte que le combat de Thésée contre le Minotaure étoit peint dans la citadelle d'Athenes, & l'on peut conjecturer que c'est d'après cette peinture qu'il est représenté sur ces médailles.

On ne trouve point que sur aucune médaille, il ait été donné à Minerve le titre de martiale ou guerriere ΑΘΗΝΑΣ ΑΡΕΙΑΣ, que l'on voit sur celle qui est ici rapportée, n°. 8. Il y avoit dans l'Aréopage un autel qu'Oreste avoit dédié à Minerve sous le titre d'Ἀρείας, en reconnoissance

de ce qu'elle avoit contribué à le faire abfou-
dre du meurtre de fa mere. Les Platéens avoient
auffi un temple confacré à Minerve *Areia.*

Le navire repréfenté fur la médaille, n°. 9,
eft un type qui ne fe voit gueres que fur celles
des villes maritimes. Athenes n'étoit pas fituée
au bord de la mer, mais elle y avoit plufieurs
ports, & entre autres celui du Pirée, dont elle
n'étoit pas fort éloignée, & auquel elle avoit
même été jointe par de longues & larges mu-
railles. Les Athéniens ont peut-être voulu par
ce type de navire défigner leurs forces navales
& leur puiffance maritime.

Les deux torches ou flambeaux repréfentés
fur la médaille, n° 10, pourroient être regar-
dés comme ayant trait aux fêtes de Cérès dans
lefquelles ils étoient portés en pompe & cérémonie. Mais Hercule dont on voit la tête avec
fa maffue fur l'autre côté de cette médaille,
n'ayant aucun rapport avec ces fêtes, il eft plus
vraifemblable qu'elle a été frappée à l'occafion
de celles dans lefquelles on couroit avec des
flambeaux allumés depuis l'autel érigé à Promé-
thée dans l'académie jufqu'à la ville, où il
falloit arriver fans qu'ils s'éteigniffent pour rem-
porter la victoire.

T ij

Les neuf médailles d'Athenes rapportées dans la planche XXIII, n°s. 11 à 19, n'ont point été publiées, non plus que celles de la planche précédente. Haym & d'autres Antiquaires ont parlé de quelques-uns des types qu'elles contiennent. Les autres n'ont pas befoin d'explication.

AZETINI.

Dans le catalogue des Médailles de villes du cabinet Impérial imprimé à Vienne en 1755, la médaille, n°. 20, eft décrite comme étant de l'Attique. On s'eft fondé apparemment pour cela fur ce que Minerve & la chouette y font repréfentées, & fur ce que dans la tribu Hippothoontide, il y avoit un bourg appellé ΑΖΗΝΙΑ. Mais cette conjecture fe trouve détruite par la médaille fuivante, n°. 21, qui ne contient rien d'approchant ; & fuivant le génie de la langue Grecque, les habitants de la bourgade ΑΖΗΝΙΑ ne pouvoient être appellés ΑΖΕΤΙΝΟΙ. On trouve même dans une infcription rapportée dans le *Mufeum Veronenfe* que ce peuple étoit appellé ΑΖΗΝΙΕΤΣ. Au furplus, on ne fait à quelle ville appartiennent ces médailles qui, par leur fabrique, reffemblent affez à celles de Sicile.

ATTIQUE.

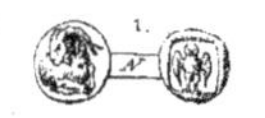
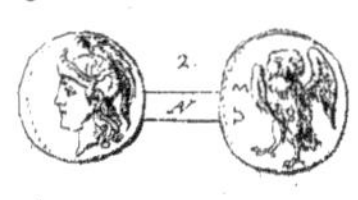

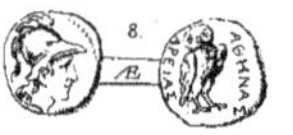
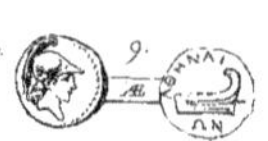
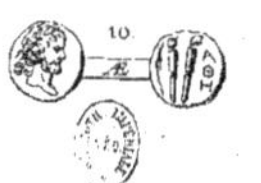

ERADÆ.

LA médaille, n°. 22, eſt d'un autre bourg appellé *Eradæ*, dont Suidas fait mention. Il n'en a point été publié de ce lieu-là juſqu'à préſent.

MEGARE.

C'EST à la ville de Mégare, capitale de la contrée appellée *Mégaride*, qu'on doit référer la médaille, n°. 23, & les deux ſuivantes, qui repréſentent Apollon, & ſes attributs. Cette contrée qui faiſoit partie de l'Attique, en fut enſuite ſéparée. Les Anciens ont donné à la ville de Mégare, différents Fondateurs; mais il paroît par le culte qu'elle rendoit à Apollon, comme on le voit par ſes monnoies, qu'elle reconnoiſſoit que c'étoit Mégarée fils d'Apollon qui l'avoit fondée, ainſi que quelques Auteurs le rapportent. Les médailles, n°ˢ. 25 & 26, qui ont pour type une proue de navire & des poiſ-ſons, déſignent un lieu maritime. La ville de Mégare étoit dans le continent, mais proche du port de Niſée qu'elle poſſédoit, & par lequel elle faiſoit le commerce de mer.

La derniere médaille de cette planche pourroit être de la ville de *Megalopolis*, dont les monnoies ont pareillement les lettres ΜΕΓ pour légende, si elle étoit de même fabrique. Mais elle ressemble plus aux médailles précédentes de Mégare ; d'ailleurs, la tête d'Apollon qu'elle représente, ne laisse pas lieu de douter qu'elle ne soit de cette derniere ville.

Vaillant n'en a point connu d'Impériales qui y aient été frappées, si ce n'est pour Caracalla. On en a d'autres de Septime-Sévere, de Julia-Domna & de Geta.

B Œ O T I E.

IL PAROIT par les médailles des Bœotiens que leurs divinités principales étoient Neptune & Bacchus, & qu'ils avoient pour symboles particuliers, un bouclier échancré, & un vase à deux anses. Celles qui contiennent leur nom, étoient sans doute communes à tous les peuples de la Bœotie, dont plusieurs villes avoient cependant, comme dans les autres contrées, leurs monnoies particulieres. C'est ce qu'on a déja remarqué, & ce que feront voir encore les médailles de Thessalie & de Macédoine.

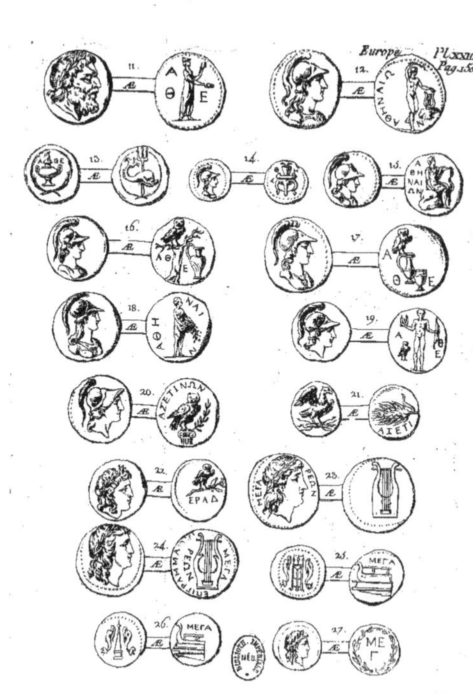

Europe
Pl. XXIII.
Pag. 150.

Les trois premieres de cette planche font ╤
du nombre de celles qui défignent le culte que P ᴌ ᴀ ɴ ᴄ ʜ ᴇ
les Bœotiens rendoient à Neptune. Il paroît que XXIV.
la figure équeftre que l'on voit derriere lui fur la
feconde, eft un type qui provient d'une autre
médaille fur laquelle celle-ci a été frappée. Cependant Haym en a rapporté une des Bœotiens
qui contient un type encore plus bifarre. C'eft
une efpece de Chimere, repréfentant la partie
poftérieure d'un cheval avec une tête d'homme
au-devant, & au-deffus un Triton qui fonne
d'une conque marine qu'il tient de la main
droite, & qui foutient un trident de l'une de
fes nageoires.

Le médaillon d'argent, n°. 4, qui a pour légende ʙᴏɪᴡ, n'eft ici rapporté que pour faire voir
que c'eft aux Bœotiens qu'appartiennent les trois
fuivants qui n'ont pour toute légende que des
noms de Magiftrats, puifqu'ils font d'ailleurs
tout femblables, tant par la matiere & la forme
que par les types du vafe & du bouclier. Il y
en a plus de trente autres pareils dans cette collection qui ne différent que par les noms de
Magiftrats, de ces trois-ci qui font connoître leur
grande antiquité par la forme des lettres dont
les légendes font compofées. Telle eft la lettre

F pour Φ dans le nom ΕΤΓΑΡΑ ; la lettre R avec un jambage raccourci dans le nom ΨΑΡΟ, & la lettre H employée pour marque d'aspiration dans le nom abregé HIKE.

Parmi les autres médaillons, il y en a un avec le nom ΦΙΑΟ semblable à celui qu'a rapporté Beger qui avoit cru que c'étoit le nom du Prince qui, le premier en Grece, inventa les mesures, & fit fabriquer des monnoies dans l'isle d'Ægine, au rapport de Strabon & de Pollux. Il n'étoit pas besoin que le nom des Bœotiens fût inscrit sur cette sorte de monnoies, pour indiquer de quel pays elles étoient, leur type le faisant assez connoître.

C'est, selon les apparences, la tête de Bacchus couronné de lierre qui est représenté sur le médaillon, n°. 8. Il est figuré de même, vieux, & avec de la barbe sur plusieurs monuments antiques. Les vases, que contiennent la plûpart des autres médailles, ornés de feuilles de lierre, de vigne & de grappes de raisin, sont autant de symboles relatifs au culte que les Bœotiens lui rendoient.

La médaille, n°. 9, qui n'a aucune légende non plus que la précédente, est la plus ancienne de toutes, sa fabrique faisant voir qu'elle est du temps

temps où l'on commença en Grece à battre des monnoies. Il n'y a point de doute au surplus que toutes celles qui contiennent les noms des Bœotiens n'aient été frappées dans la ville de Thebes, capitale de la contrée, laquelle fit auſſi marquer, avec les mêmes types du vaſe & du bouclier, la plûpart de celles qu'elle fit frapper avec ſon nom

Les deux dernieres de cette planche , n°s. 10 & 11, ſont d'une fabrique bien poſtérieure à celle des précédentes. Il ſeroit difficile de juger à quelle occaſion ces médailles qui repréſentent des victoires ont été frappées, l'Hiſtoire faiſant mention de pluſieurs victoires ſignalées que les Bœotiens remporterent en différents temps.

THEBES.

LES trois premieres médailles de la planche XXV n'ont rien de remarquable que le nom de la ville de Thebes qui y eſt inſcrit de trois fa-çons , ſavoir, ΘE , ΘEB & ΘEBH. Il y a des mé-dailles d'autres villes qui n'ont pareillement que les lettres ΘE pour légende, telles qu'on en verra ci-après de Theſpies & de Theſſalonique. Ce n'eſt que par les types & la fabrique de ces for-

P L A N C H E
XXIV.

P L A N C H E
XXV.

tes de médailles qu'on peut diftinguer les villes auxquelles elles appartiennent.

Le nom de la ville de Thebes qui, dans les
premiers temps, étoit écrit avec un ᴇ comme
celui de la ville d'Athenes, fut auffi écrit enfuite avec un ʜ, ainfi qu'on le voit dans les
médailles fuivantes; changement qui fe fit, ainfi
que l'ont déja remarqué Spanheim & Beger,
après que Simonide eut introduit cette lettre &
quelques autres dans l'alphabet grec.

Les médailles, nᵒˢ. 15 & 16, qui ont pour
légende ᴀʜʙᴀɪᴏɴ n'ont point été publiées. Elles
font voir l'une & l'autre par leurs types que les
Thébains rendoient un culte particulier à Hercule, comme il convenoit à des habitants d'une
ville où il étoit né, & duquel ils ont fans doute
imploré la protection & les fecours dans les fré-
quentes guerres qu'ils ont eu à foutenir.

ERYTHRES.

Iʟ ʏ avoit cinq ou fix villes qui étoient appellées *Erythræ, Erythres.* La préfente collection contient huit médailles d'argent à peu-près
pareilles aux deux qui font ici rapportées, nᵒˢ.
17 & 18, lefquelles ne different gueres que par

BŒOTIE
Europe Pl. XXIV.
Page 154.

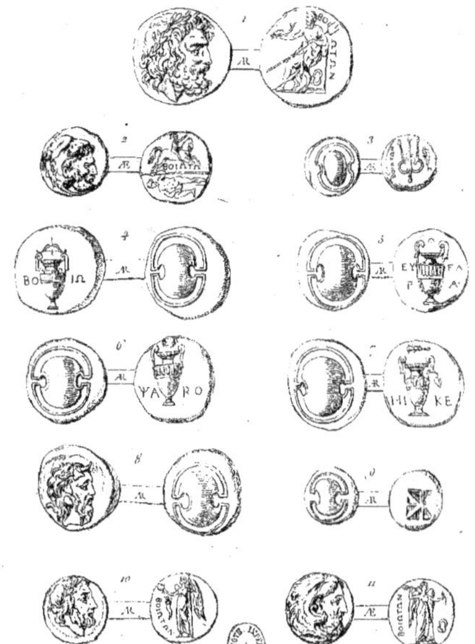

les noms de Magiſtrats. Le P. Hardouin qui
en a publié de ſemblables les a attribuées à la
ville d'Erythres qui étoit en Bœotie.

Spanheim & Liébe ont prétendu de leur côté qu'elles appartiennent à la ville d'Eryx en
Sicile. Ils ſe fondent particuliérement les uns
& les autres ſur ce qu'il y a dans pluſieurs de
ces médailles un oiſeau qu'ils ont pris pour
une perdrix. Le P. Hardouin croyoit que cet
oiſeau y étoit repréſenté, parce qu'au rapport
de Pline, les perdrix qui ſont en Bœotie n'en
ſortent point, & qu'elles ne paſſent point dans
l'Attique : Spanheim & Liébe, parce qu'il y
avoit à Eryx un temple de Vénus, autour duquel les perdrix venoient dans un temps, & d'où
elles ſe retiroient dans un autre temps, à l'occaſion de quoi il avoit été établi des feſtes dans
cette ville. Mais ſans prétendre rien décider ſur
la queſtion de ſavoir quels ſont les oiſeaux qui
ſont repréſentés ſur ces médailles, l'on obſerve
ſeulement qu'ils ne paroiſſent point être des
perdrix. Dans les différentes poſitions où ils y
ſont repréſentés, tournés à droite, à gauche &
en face, on reconnoît qu'ils ſont haut montés ſur
jambes, & qu'ils ont une groſſe tête, telle qu'eſt
celle des chouettes. Quant à la ville à laquelle

V ij

ces médailles appartiennent, il n'y a aucune apparence qu'elles foient d'Eryx en Sicile. Leur fabrique y répugne, & l'on n'en a point trouvé jufqu'à préfent de pareilles en cette ifle. Il ne paroît pas non plus qu'il y ait lieu de les attribuer à la ville d'Erythres en Bœotie. Elles appartiennent plus vraifemblablement à la ville d'Erythres d'Ionie qui étoit plus renommée que toutes les autres villes de même nom. Elle avoit un port & un temple célebre confacré à Hercule, & c'eft fa tête qui eft repréfentée fur prefque toutes les médailles en queftion avec fes attributs, c'eft-à-dire, avec la maffue, l'arc & le carquois qui étoient fes armes (*). La ville d'Erythres de Bœotie étoit trop peu confidérable pour avoir fait frapper autant de médailles avec des noms de Magiftrats, qu'on ne trouve fur aucune de celles des autres villes de Bœotie, fi ce n'eft fur les médailles frappées à Thebes ; au lieu qu'il y en a fur prefque toutes celles des villes d'Ionie. Ce qui femble encore défigner qu'elles appartiennent à l'Erythres Ionienne, c'eft le type de l'abeille que l'on voit fur celle du n°. 21, type

(*) Bayer qui a publié de pareilles médailles, dans le fecond volume des Mémoires de l'Académie de Petersbourg , prouve qu'elles font d'Erythres en Ionie, & que c'eft la chouette qui y eft repréfentée.

commun des médailles de la ville d'Ephefe,
dont elle n'étoit pas éloignée.

THESPIES.

ON VOIT par les médailles, n°s. 22 & 23, que
la ville qui les a fait frapper, révéroit les af-
tres, & particuliérement la lune repréfentée par
les croiffants qu'elles contiennent. Le type du
bouclier qui eft de l'autre côté, défigne auffi
qu'elles font de Bœotie, & la légende ΘΕΣ, qu'elles appartiennent par conféquent à la ville de
Thefpies. Les deux fuivantes, n°s. 24 & 25,
font connoître pareillement par le type de la
lyre qui eft fur les deux, & par la tête qui eft
fur la feconde, qu'Apollon étoit auffi une divinité révérée dans cette ville. C'eft ce que l'on a
cru devoir faire remarquer par rapport à la médaille de *Cithæron* qui fera ci-après rapportée.
De ces quatre-ci, il n'y a que celle du n°. 24,
qui ait été publiée. Les trois autres ne l'ont point
été.

Il y en a une, dans le *Teforo Britannico*, pareille à celle du n°. 26. Haym l'a attribuée à
la ville de Thebes, à caufe du *théta* quarré antique qui fe voit dans le champ du revers au
lieu de légende ; mais elle n'étoit pas bien con-

fervée felon les apparences. Il a cru y voir la tête d'un jeune homme couverte d'un bonnet. Dans celle-ci, c'eft une tête de femme voilée & couverte d'une efpece de panier, de même que fur la médaille, n°. 24, & fur plufieurs autres femblables. Ainfi il y a lieu de croire qu'elle eft plutôt de Thefpies. Si elle appartient à cette ville par la raifon que la tête de femme qui y eft repréfentée, reffemble à celle que l'on voit fur les médailles qui ont pour légende ΘΕΣΠΙΕΩΝ; la fuivante, n°. 27, qui contient un pareil *théta* de forme antique, défignant un nom de ville, doit être attribuée à la même ville de Thefpies, d'autant plus que la tête d'Apollon, divinité qu'elle révéroit particuliérement, y eft repréfentée avec le trépied qui étoit un de fes attributs, de même que la lyre. Quant au mot ΕΤΘΥΜΕ qu'on lit fur cette médaille, ce ne peut être qu'un nom de Magiftrat.

CITHÆRON.

LE Cithæron étoit une montagne de Bœotie qui étoit auparavant appellée *Afterius*, felon Plutarque. Il n'eft point dit qu'il y eut un lieu habité. Il n'eft cependant pas douteux que la

Il est étonnant qu'après tout ce que je dis ici sur cette médaille M. Eckell prétende p. 45. que je me suis trompé et qu'elle est de la Ville de Crotone dans la grande Grèce. Je dois d'abord répondre que la mienne est très bien conservée, et que je suis persuadé que la sienne ne l'est pas; que la seconde lettre iota a souffert quelque chose qui l'aura fait paroître comme un Rho, et que le milieu du Théta aura été effacé. En second lieu la médaille ne peut être de Crotone de laquelle ville et de toutes celles des environs on ne connoit aucune médaille avec un pareil type. 3.° on ne comprend pas comment en disant qu'elle ne peut pas être de Cithaeron, parce qu'il n'y avoit aucune ville sur cette montagne, il rapporte p. 89. une médaille qui a pour légende ΘΘ, et l'attribue à une prétendue ville sur le mont Ithris, convenant cependant qu'aucun auteur n'en a fait mention.

médaille ici rapportée, n°. 28, avec les lettres ΚΙΘ pour légende, n'y ait été frappée : le type de trois croissants convenant à son ancien nom *Asterius*, en quoi d'ailleurs elle ressemble aux médailles d'argent précédentes de la ville de de Thespies, laquelle quoique, située au pied du mont Helicon, avoit précisément vis-à-vis en perspective le Cithæron ; & c'est par cette raison sans doute que sur la premiere médaille de Thespies, il y a un grand croissant devant la tête qui y est représentée. Au reste, quoique l'Histoire ne fasse point mention qu'il y eût une ville sur cette montagne, elle fait cependant connoître qu'il y avoit un lieu consacré à Jupiter *Cithæronius* ; & Pausanias en parle comme d'un endroit très-fréquenté, où l'on célébroit des fêtes, où l'on faisoit des sacrifices, & qui étoit renommé par beaucoup d'autres particularités.

PELECANIA.

On n'a point publié jusqu'à présent de médaille de *Pelecania*. C'étoit un petit canton de la Bœotie où la médaille, n°. 29, a été frappée.

Cette Médaille est de Pella de Macédoine. (Voyez Eckhell. D. N. Tom. II. p. 201.)

TANAGRA.

GOLTZIUS en a rapporté d'à-peu-près femblables à la derniere de cette planche. Quoiqu'elle n'ait pour légende que les lettres ᴛᴀ , le bouclier Bœotien qu'elle contient, fuffit pour faire reconnoître qu'elle eft de la ville de *Tanagra* en Bœotie. Vaillant n'en a connu qu'une Impériale de cette ville, qui eft de Germanicus. On en a une autre de Trajan.

THESSALIE.

LES médailles qui ont pour légende ΘΕΣΣΑΛΩΝ, font communes tant en argent qu'en bronze. Pallas qui étoit apparemment la divinité principale des Theffaliens , eft repréfentée, fur le plus grand nombre, lançant un javelot d'une main, & tenant un bouclier de l'autre main. Il y en a auffi qui ont un cheval pour type. Elles étoient fans doute les unes & les autres, la monnoie commune qui avoit cours dans toute la Theffalie.

De

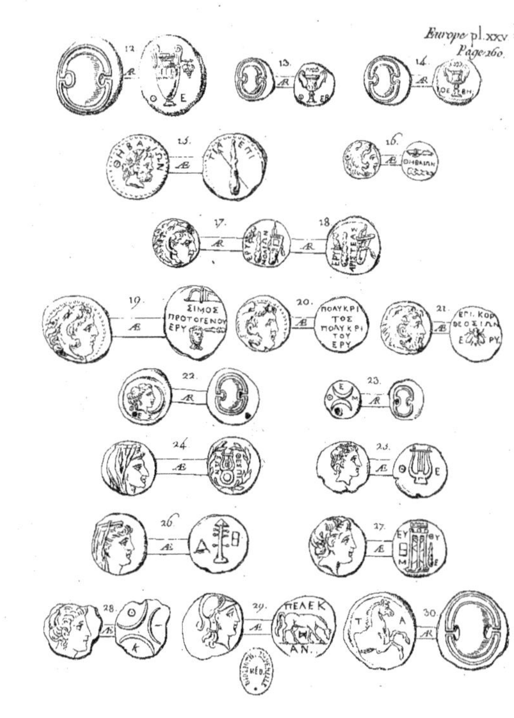

De toutes les médailles de cette espece qui font dans la préfente collection, on rapporte feulement ici la premiere de la planche XXVI qui eft finguliere par le mot ΟΜΟΝΟΙΑ qu'elle contient, & qui ne fe trouve gueres fur les médailles Grecques - Européennes. La légende ΘΕΣΣΑΛΩΝ ΡΩΜ. qui eft de l'autre côté, a auffi fa fingularité qui mérite d'être obfervée. Les peuples de Theffalie attachés aux Romains en donnerent d'autres marques fur leurs monnoies ; ce qui fe reconnoît particuliérement par des médailles affez rares d'Augufte & de Livie qui ont les unes & les autres à leur revers, la légende ΣΕΒΑΣΤΗΩΝ ΘΕΣΣΑΛΩΝ avec des types différents.

PLANCHE
XXVI.

ÆNIANES.

DES deux médailles, n°ˢ. 2 & 3, la premiere qui eft d'argent, & a pour légende ΑΙΝΙΑΝΩΝ, reffemble par fa fabrique & par fon type aux médailles des Locriens-Epicnémidiens; & la feconde qui eft de bronze, & qui a pour légende ΑΙΝΑΝΙΕΩΝ, contient pour type un vafe tout pareil à celui qui fe voit fur les médailles de *Lamia.* Or les *Ænianes*, habitants de la contrée qui avoit pour capitale la ville d'*Hypata*, étoient d'un côté limitrophes des Locriens-Epicnémidiens, comme on l'a déja obfervé, & la ville d'*Hypata* étoit d'un autre côté proche de celle de *Lamia*. Cette conformité dans ces médailles des Ænianes avec celles de leurs voifins, fait juger qu'elles furent frappées à *Hypata* dans le temps qu'ils y étoient établis. Au refte il n'eft pas extraordinaire qu'ils foient appellés *Ænianes* fur les unes, & *Ænanies* fur les autres. On a déja vu que Strabon les appelle auffi *Æneianes* : Etienne de Byzance dit qu'on les appelloit encore ΑΙΝΙΕΙS. Cette variété dans la prononciation, & dans l'écriture des noms des anciens peuples, fe rencontre à l'égard de beaucoup d'autres moins barbares que ne l'étoient les *Ænianes*.

A T R A X.

DANS tous les Auteurs qui ont parlé de la ville où la médaille, n°. 4, a été frappée, fon nom eft écrit Α᾽τραξ ou Α᾽τρακία. Il y a bien ΑΤΡΑΓΙΟΝ fur cette médaille. Le cabinet de Pembrock en contient une femblable.

G O M P H I.

IL n'en a point été publié jufqu'à préfent de la ville de *Gomphi*, à laquelle appartient la médaille, n°. 5.

GYRTON.

DANS le catalogue imprimé de celles du cabinet de la Czarine, il y en a une de la ville de *Gyrton* (*), semblable à celle du n°. 6. La suivante, n°. 7, n'étoit pas encore connue.

DEMETRIAS.

CELLE du n°. 8 est de la ville de Démétriade en Thessalie, laquelle étoit située sur le bord de la mer, & avoit un port où les Rois de Macédoine ont pendant un temps tenu leur armée navale.

Quoiqu'il n'y ait point de nom de ville sur la médaille, n°. 9, mais seulement celui d'un magistrat, comme elle ressemble à la précédente par le type, la matiere & la fabrique, elle appartient sans doute à la même ville.

C'est aussi à cette ville qu'on doit référer les médailles, n°ˢ 10, 11 & 12, qui ont pour légende ΔHΜΗΤΡΙΕΩΝ ΤΗΣ ΙΕΡΑΣ, & qui n'ont pas encore été publiées. Haym qui en a rapporté une autre avec pareille légende, laquelle se trouve aussi dans cette collection, prétend qu'elle

(*) Cette médaille a été publiée par Bayer, avec une savante Dissertation dans le second volume des Mémoires de l'Académie de Petersbourg.

X ij

eſt de la ville de Sicyone, à laquelle , ſuivant Diodore de Sicile , les habitants donnerent le nom de Démétriade en reconnoiſſance de ce que Démétrius-Poliorcetes , après l'avoir priſe, les avoit remis en liberté. Il ajoute que le titre de ſacrée lui convenoit par rapport aux ſacrifices , & aux fêtes que ce même peuple devoit y faire tous les ans à l'honneur de Démétrius, comme s'il avoit été leur fondateur. Mais ſi la ville de *Sicyone* a porté le nom de Démétriade , ce n'a été que peu de temps ; les Auteurs qui en ont parlé , la nomment toujours *Sicyone*. Le titre de *Sacrée* a pu être également porté par la Démétriade de Theſſalie , qui a été pendant un temps la demeure des rois de Macédoine. C'eſt, ſelon les apparences , par la même raiſon que la ville de *Lariſſa* avoit pris auſſi le titre de *Sacrée* , comme on le verra par une des médailles de cette ville qui ſeront ci-après rapportées.

THIBRUS.

Etienne de Byzance fait mention d'une ville de Theſſalie appellée ΘΙΒΡΟΣ d'après un vers de Lycophron , dans lequel le Commentateur prétend qu'il y a ΘΙΓΓΡΟΣ & non pas ΘΙΒΡΟΣ. Il y a tout lieu de juger que c'eſt à cette ville qu'ap-

CRANNON. *médailles ſemblables à celle qui a été publiée par Haym,*

partient la médaille qui est ici rapportée , n°.
13 , & qui est bien conservée.

CTEMENÆ.

La suivante , n°. 14 , n'est attribuée à *Cte-mene* ville de Thessalie , que parce qu'on ne trouve point qu'il y ait eu d'autre ville Grec-que , dont le nom commence par κτη , en quoi consiste la légende de cette médaille. Elle pour-roit également convenir à *Ctesiphon* ; mais il est douteux qu'il y ait été frappé des médailles Grec-ques , quoique Goltzius en rapporte une de l'Em-pereur Titus. Celle-ci ressemble aux médailles de *Cromna* & d'Héraclée du Pont , par la tête de femme qui y est représentée ornée de la mê-me façon sur les unes & sur les autres. Mais peut-être que les lettres κτη n'y sont que le commencement d'un nom de Magistrat.

LAMIA.

La ville de *Lamia* dont sont les médailles, n°s. 15 , 16 & 17 , (*Pl. XXVII.*) étoit située dans une contrée de la Thessalie appellée *Phthiotide* à peu de distance du golfe Maliaque. Elle dominoit ap-paremment sur les environs de ce golfe, puisque, selon Pausanias , il étoit aussi appellé *Golfe-La-*

Planche
XXVI.

Planche
XXVII.

miaque. Il paroît d'ailleurs par une médaille qui fera rapportée ci-après , qu'il y eut un temps où les habitants de Lamia prirent le nom de Maliens. La premiere de ces trois-ci fait connoître par la tête de Bacchus qui y eſt repréſentée, que c'étoit la divinité principale de cette ville. La ſeconde, n°. 16 , qui n'a, au lieu de légende, que les lettres ᴀᴀ , ſembleroit devoir par ces lettres appartenir aux Lacédémoniens dont les médailles ſe diſtinguent par ces deux mêmes lettres qu'elles ont preſque toutes pour légende ; mais le vaſe qu'elle contient , étant de même forme & tout à-fait reſſemblant à celui qu'on voit ſur la précédente médaille, il n'y a pas lieu de douter qu'elle ne ſoit de la ville de *Lamia.* On peut juger par le type de la troiſieme, n°. 17, qui repréſente un homme tirant de l'arc , un genou en terre , avec un carquois derriere lui , que les habitants de cette ville étoient guerriers. Ils le furent en effet durant la guerre renommée dans l'Hiſtoire , qu'ils ſoutinrent contre les Macédoniens après la mort d'Alexandre le Grand , laquelle fut appellée de leur nom *Guerre-Lamiaque.*

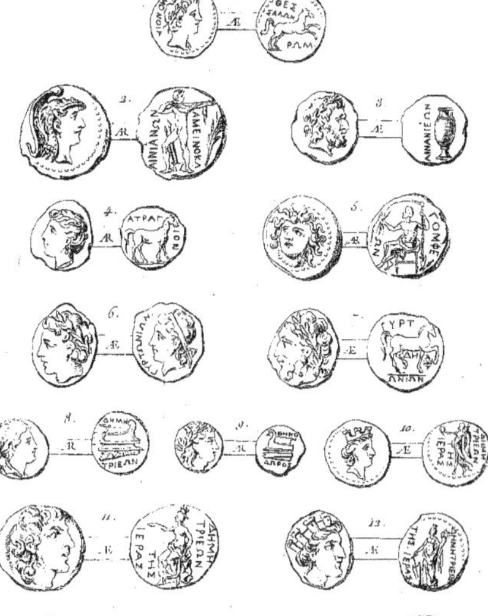

LAPITHÆ.

On ne fait point mention ici des médailles des Lapithes en argent & en bronze, qui font dans cette collection, repréfentant la tête d'Apollon, & une lyre, parce qu'elles ont été publiées par Spanheim, Beger, & autres Antiquaires. On fait bien que ces peuples habitoient la Theffalie; mais il n'eft point dit s'ils y poffédoient quelque ville, & l'on ignore quelle eft celle où leurs médailles ont été frappées.

LARISSE.

Il y avoit plufieurs villes en différents pays qui étoient appellés *Lariffa*, dont les médailles fe diftinguent par leurs types, leur fabrique & leurs légendes. Il eft reconnu que la ville de ce nom qui étoit en Theffalie, avoit pour fymbole particulier le cheval que l'on voit fur prefque toutes les médailles ici rapportées, dont quelques-unes ont été publiées. Elle avoit adopté ce fymbole, ainfi que plufieurs autres villes de Theffalie, parce que les chevaux en étoient fort eftimés, & qu'on y en élevoit beaucoup.

Le P. Paciaudi a rapporté dans fes *Animadverfiones Philologicæ*, une médaille à peu-près pareille à celle du n°. 24. Il a pris la victoire qui y est assise, pour la figure de Jupiter-Lariséen, mais il avoue que sa médaille n'est pas bien conservée; & il croyoit, à cause du type de Jupiter, que cette médaille étoit de la ville de *Lariſſa* surnommée *Pelaſgia*, où il y avoit un temple qui lui étoit dédié.

Sur la médaille, n°. 25, la ville de Lariſſe, dont il est ici question, a pris le titre de *Sacrée* comme la ville de Démétriade, dont il a été ci-devant fait mention. L'histoire ne nous apprend point à quelle occasion, ni dans quel temps l'une & l'autre ont pris un pareil titre, qui n'étoit point en usage dans les villes Grecques de l'Europe. Peut-être fut-il déféré à Lariſſe, quand Philippe, pere d'Alexandre le Grand, choisit cette ville pour y faire sa demeure pendant quelques années de son regne. Au reste le type de cette médaille est singulier. Il ressemble assez à un siege fort orné que l'on peut prendre pour une espece de trône.

MAGNESIE.

Il y avoit aussi plusieurs villes appellées *Magneſie.* Celle dont les médailles sont ici rapportées, étoit située dans une contrée maritime qui

qui portoit le même nom de Magnéfie, & qui
étoit annexée à la Theffalie. Plufieurs Auteurs
parlent cependant de cette contrée, comme faifant partie de la Macédoine.

La médaille, n°. 26, reffemble affez à celles
d'argent de Démétriade ci-devant rapportées :
elle appartient à la Magnéfie de Theffalie, tant
par cette conformité que par fa fabrique. Il y
a eu un temps où cette ville étoit très-confidérable, mais elle perdit fa force & fa fplendeur
bientôt après que Démétrius-Poliorcetes eut fait
bâtir fur la même côte la ville appellée Démétriade de fon nom, laquelle ne fut habitée, & ne
s'accrût qu'aux dépens de Magnéfie, & d'autres
villes & bourgades voifines. Il y a quelques Auteurs qui prétendent que Démétriade fut enfuite
appellée Magnéfie, ce qu'ils inferent d'un paffa-
ge de Paufanias, qui dit que Philippe, pere de
Perfée mettoit Magnéfie au nombre des trois
villes qu'il appelloit les clefs de la Grece. Comme c'étoit alors Démétriade qui étoit la ville
la plus puiffante & la plus forte de la Theffalie,
il femble que Philippe entendoit parler de cette
ville fous le nom de Magnéfie , & qu'ainfi ce
dernier nom lui avoit été donné à la place de
celui de Démétriade. Il fe peut bien auffi qu'après la mort de Demetrius les habitants
de cette nouvelle ville, qui pour la plus part etoient originaires
de Magnesie, lui ayent fait prendre le nom de celle cy en mémoire
de leur origine.

Le centaure & le cheval qu'on voit fur les médailles, n.os. 27 & 28, font des fymboles propres à la Theffalie, & ne permettent pas de les attribuer à aucune des autres villes du nom de Magnéfie. On en rapportera ci-après qui appartiennent à celles qui font fituées en Ionie & en Lydie.

MALIENS.

LES médailles, n.os. 29 & 30, font attribuées à des peuples établis fur les bords d'un golfe qui de leur nom étoit appellé le golfe Maliaque. Il y avoit dans les environs un canton appellé le champ des Maliens, felon Tite-Live. Strabon & Paufanias parlent auffi de ces peuples fans dire s'ils avoient une ville qu'ils habitaffent ; mais il y eut au moins un temps où ils habitoient la ville de *Lamia*, comme le fait connoître la premiere de ces deux médailles qui eft tout-à-fait femblable, tant par la forme & la matiere que par la tête de Bacchus & le type du revers, à la médaille de *Lamia* ci-devant rapportée, n.o 15 ; elles ne different l'une de l'autre que par la légende : il eft donc évident par-là qu'elles ont été frappées dans la même ville. Ses habitants qui, fous le nom de *Lamiens*, font repréfen-

+ Il y'a tout lieu de croire que les peuples qui avoient dans leur champs des habitations eparses à peu de distance de la Ville de Lamia y firent fabriquer des monnoies en leur nom pour leur usage particulier, et cela n'est pas sans exemple. Il y'a quelques années qu'on s'écrivit de Naples pour me demander mon avis au sujet d'une très petite et très mince médaille d'argent sur laquelle on lisoit distinctement ΠΕΡΙ ΗΡΑΚΛΕ. Je répondis que cette legende designoit les peuples qui habitoient la campagne dans les environs de la Ville d'Heraclée, lesquels devoient y avoir fait fabriquer cette sorte de médailles pour leur usage particulier, c'est à dire pour leurs menuës dépenses, et les petits achats qu'ils faisoient entre eux.

Les médailles des N.os 15 et 29 étant uniformes et semblables à tous égards, excepté seulement dans la légende qui est ΛΑΜΙΕΩΝ sur l'une et ΜΑΛΙΕΩΝ sur l'autre, je pense qu'il y'a lieu d'en inferer que les peuples qui y sont nommés Lamiens & Maliens étoient un même peuple dont le nom étoit prononcé et écrit de deux manieres en y transposant les lettres Λ et Μ. Il y'a beaucoup d'exemples de pareilles transpositions de lettres en des noms de peuples et de Villes, et en d'autres mots grecs, et c'est par cette même raison que le golphe qui est sur la côte de la Phtiotide vis à vis l'isle d'Eubée est tantôt appellé golphe Lamiaque et autôt golphe Maliaque par les auteurs qui en ont parlé. Dans tout ce qu'ils ont dit de ce golphe et des peuples en question, ni dans les divers types de leurs médailles ici rapportées et qui sont les seules connuës jusqu'à present, je ne trouve rien qui puisse infirmer ma conjecture sur l'identité de ces peuples.

tés comme guerriers fur une autre médaille de
Lamia, ainfi qu'on l'a ci-devant obfervé, ne font
pas moins renommés en cette qualité fous le
nom de Maliens dans l'hiftoire. Ils fe diftingue-
rent par leur animofité contre les Gaulois, lorfque ceux-ci furent défaits dans la Phocide, où
ils avoient fait une irruption fous la conduite
de Brennus; & ils eurent le droit de députer
aux Etats Généraux de la Grece; mais dans la
fuite, pour ne pas multiplier les Amphictyons,
l'Empereur Augufte les réunit avec d'autres
peuples aux Theffaliens. On ne connoît de leurs
médailles que ces deux-ci. Le P. Panel a publié
la feconde qui eft un médaillon d'argent. Il y a
lu ΙΔΑΛΙΩΝ au lieu de ΜΑΛΙΩΝ, & il l'a référée
conféquemment à la ville d'*Idalium* en Chypre

M I N Y A.

IL y avoit deux villes appellées *Minya*; l'une
en Phrygie & l'autre en Theffalie. On juge par
la fabrique de la médaille, n°. 31, & par fon
type qui repréfente un cheval & un fep de vigne
avec les lettres ΜΙΝ, pour légende, qu'elle eft
de *Minya* de Theffalie. Sa fabrique fait auffi
connoître fon antiquité.

Celle qui fuit, n°. 32, eft attribuée à la

Planche
XXVII.

même ville, parce qu'elle défigne par la tête couronnée de pampres & par la grappe de raifin qui eft de l'autre côté, que cette ville fe diftinguoit par l'abondance ou la qualité de fon vin, ce qui eft pareillement défigné par le fep de vigne de la précédente médaille.

MOPSIUM.

Planche
XXVIII.

LE type de celle du n°. 33, ne laiffe pas lieu de douter qu'elle n'appartienne à la ville de *Mopfium* en Theffalie. Strabon rapporte qu'elle avoit eu ce nom de Mopfius, Lapithe, qui avoit été de l'expédition des Argonautes ; & c'eft vraifemblablement le combat de Pirithous ou de Théfée contre un centaure, qui eft repréfenté fur cette médaille. Dans le cabinet de Theupolo, il y en a une femblable, fur laquelle on a lu ΜΟΨΕΑΤΩΝ qui eft la légende des médailles de la ville de *Mopfos* en Cilicie.

ŒTÉENS.

LE mont *Œta* s'étendoit depuis le Pas des Thermopyles jufqu'au golfe d'Ambracie : quelques Auteurs parlent d'une ville appellée *Œtès*, du nom de la montagne, au pied de laquelle ils difent qu'elle étoit, fans marquer de quel côté

ni en quelle contrée. La médaille ici rapportée, n°. 34, fait connoître que cette ville étoit
située du côté de l'Ætolie, puisqu'elle contient,
comme les médailles d'Ætolie, un fer d'epieu
& une mâchoire, symboles qui ont trait à
l'histoire du sanglier Calydonien. La suivante,
n°. 35, représente aussi la mâchoire du sanglier
& d'autres armes qu'on peut regarder comme
appartenants à des chasseurs, tels que les habitants d'*Œtès* l'étoient vraisemblablement au
milieu des montagnes qui les environnoient.

PLANCHE
XXVIII.

P E L I N N A.

HAYM a publié deux médailles de *Pelinna*,
ville de Thessalie, différentes de celle du n°.
36, laquelle n'a que les lettres п е pour légende, & qui cependant paroît pouvoir être attribuée sûrement à cette ville, parce qu'elle
ressemble tant par la forme & la matiere, que
par la fabrique & le type, aux médailles de
Larissa, ci-devant rapportées, & à celles de
Tricca & de *Pharcadon* qui le seront ci-après.

P R O A N A.

LA ville qui a fait frapper la médaille, n°,
37; est appellée *Proerna* par Strabon & Tite-

Live, & *Proarna*, par Etienne de Byzance. Son nom étoit *Proana*, fuivant cette médaille, dont la légende eſt ΠΡΩΑΝΩΝ. Cette ville étoit fituée dans la contrée maritime qui étoit habitée par les Maliens.

SCOTUSSA.

GOLTZIUS a publié une médaille de *Scotuſſa*, différente de celles qui font ici rapportées, n.ᵒˢ 38 & 39. La légende de la premiere eſt ΣΚΟΤΟΥΣΣΑΙΩΝ. Quelques Auteurs écrivent le nom de cette ville fans double ſ. La forme & la fabrique de la feconde qui n'a que les lettres ΣΚΟ pour légende, font connoître qu'elle eſt de la plus haute antiquité. Il y avoit une autre ville de même nom en Macédoine : celle dont il s'agit ici, fut détruite par Alexandre, tyran de Pheres.

TRICCA.

PARUTA & le P. Hardouin ont attribué à la ville de *Tricala* en Sicile, une médaille pareille à celles des n.ᵒˢ 40 & 41. Ils ont lu ΤΡΙΑΚΑΛΑ au lieu de ΤΡΙΚΚΑ ou ΤΡΙΚΚΑΙΟΝ qu'il y a fur celles-ci, lefquelles appartiennent inconteſtablement à la

ville de *Tricca* (*) en Theſſalie , étant de
même forme, matiere & fabrique, & ayant le
même type que les médailles de Lariſſa & *Pelinna* ci-devant rapportées.

P L A N C H E
XXVIII.

P H A R C A D O N.

LA ſuivante , n°. 42 , qui eſt de la ville de
Pharcadon, reſſemble entiérement aux précéden-
tes. Strabon qui parle de cette ville l'appelle
Pharycadon.

P H A R S A L U S.

C'EST à la ville de Pharſale que les quatre
dernieres de cette planche appartiennent. Leur
fabrique fait connoître qu'elles ſont auſſi des
plus anciennes.

(*) La même Obſervation a été faite par M. l'Abbé Barthelemy,
Mém. de l'Acad. tom. XXVI.

MACEDOINE.

MACÉDONIENS.

 LA MÉDAILLE d'or qu'on voit au commencement de la planche XXIX, est sans légende, & d'une fabrique très-ancienne. Ce n'est que par une assez foible conjecture qu'elle a été attribuée à la Macédoine; cette conjecture étant fondée seulement sur ce que l'une des têtes qu'elle contient, représente Silene à peu-près comme il est représenté sur la seconde médaille, qui a pour légende ΜΑΚΕΔΟΝΩΝ. Ces médailles peuvent avoir été frappées à l'occasion des orgies ou fêtes de Bacchus qui se célébroient en Macédoine avec le plus grand appareil.

Les médaillons d'argent, qui ont pour légende ΑΕSILLAS d'un côté, & ΜΑΚΕΔΟΝΩΝ de l'autre côté, sont communs. On n'en avoit point encore vu où d'autres lettres accompagnassent le nom d'ΑΕSILLAS qui a été interprété différemment par les Antiquaires. On en rapporte ici deux qui contiennent d'autres lettres. Dans celui du

n°.

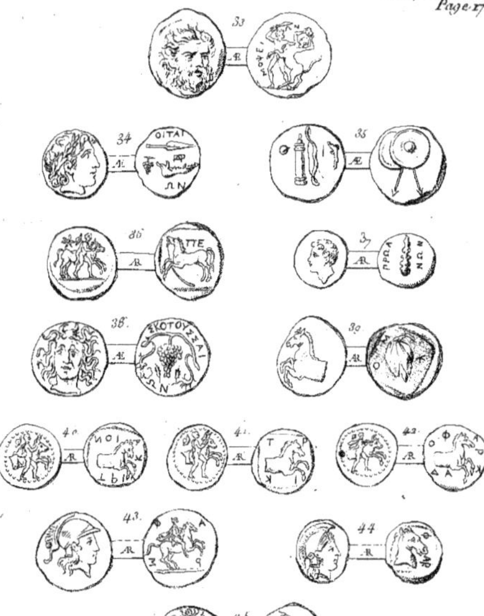

n°. 3. Les letres cæ font fans doute les initiales
d'un nom de Magiftrat qui étoit Preteur, comme les autres lettres pr le défignent. Les lettres
s i dans le médaillon, n°. 4, font auffi vraifemblablement les initiales du nom d'un autre Préteur, & il y a lieu de croire que l'un & l'autre
avoit cette charge en Macédoine, dans le temps
que aesillas y étoit Quefteur. C'eft fur quoi
l'on ne trouve point que l'hiftoire fourniffe aucun éclairciffement.

Les médaillons qui ont pour légende make-
Δονων πρωτησ font auffi fort communs. On fait
que les Romains partagerent en quatre provinces la Macédoine, après l'avoir conquife. Chacune de ces provinces fit frapper enfuite des
monnoies particulieres. On ne connoit qu'une
médaille de la feconde province, avec la légende makeΔονων Δευτεραϲ qui eft dans le cabinet
du Roi. Celle que l'on rapporte ici, n°. 5, de
cette feconde province avec la légende mak β̄,
n'a point été publiée (*) jufqu'à préfent. Le
P. Frœlich en a rapporté une de la ~~troifieme~~ quatrieme
province.

Les deux médailles d'argent, n°ˢ. 6 & 7, qui

*PLANCHE
XXIX.*

(*) Cette médaille fe trouve dans le nouveau *Recueil des Médailles de Rois*, imprimé par Guerin & Delatour.

Peuples & Villes. I. Partie.　　　Z

ont pour type d'un côté un demi-navire avec la légende ΜΑΚΕΔΟΝΩΝ, font femblables par la forme, la fabrique, la matiere & le type, aux deux médailles de Démétriade ci-devant rapportées. Il y a par conféquent toute apparence qu'elles y ont été frappées du temps que les rois de Macédoine y tenoient leur armée navale, & qu'ils y faifoient leur demeure.

Les deux autres d'argent, n°s. 8 & 9, qui n'ont point de légende, font des plus anciennes & appartiennent à la Macédoine, parce qu'elles font entiérement femblables à des médailles du roi Archelaüs, lefquelles ont de même pour type un cafque d'un côté, & un cheval de l'autre.

Des deux dernieres de cette planche, la premiere n'a point été publiée : on en trouve une dans Goltzius qui eft à peu-près pareille à la derniere.

Æ G É.

Il y a eu plufieurs villes du nom d'*Ægé*, dont les médailles fe diftinguent tant par la différence qui fe trouve dans la maniere d'écrire leur nom, que par la fabrique, & par les types & autres marques qu'elles contiennent. Les trois premieres de la planche XXX, n°s. 12, 13 & 14

Eckel p. 201. rapporte 2 medaillon d'argent à la Ville d'Ægée en Eolide.

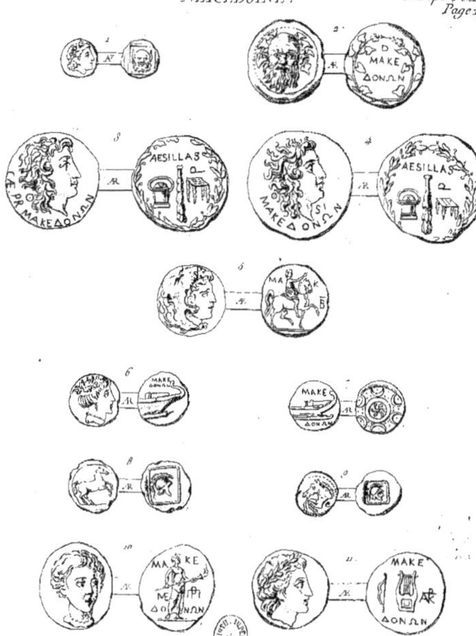

appartiennent à la ville d'*Ægé* de Macédoine, quoique dans la premiere le nom soit écrit un peu différemment que dans les deux autres. Celle-là est un grand médaillon d'argent qui, par sa forme & par sa fabrique ressemble parfaitement à des médaillons d'autres villes de Macédoine : elles ont toutes trois d'un côté la tête d'Apollon. Le revers des deux de bronze contient le type de la chevre qui désigne particuliérement l'*Ægé* Macédonienne. Justin rapporte que cette ville qui s'appelloit *Edesse* auparavant, fut prise par Caranus, roi de Macédoine, en suivant un troupeau de chevres, qui s'y retiroient dans un temps de brume & de pluie; & qu'en mémoire de cet événement, son nom fut changé en celui d'*Ægé*. On n'a point publié jusqu'à présent de médailles de cette ville, qui fut pendant un temps la capitale & l'habitation des rois de Macédoine.

ACANTHE.

Il y a eu aussi plusieurs villes du nom d'*Acanthe*. C'est à celle de Macédoine qui étoit la plus célébre qu'appartiennent les médaillons & la médaille d'argent qui sont ici rapportées, n°⁵. 15, 16, 17, 18 & 19. Leur fabrique le fait con-

PLANCHE
XXX.

Z ij

noître, & démontre pareillement qu'ils font d'une grande antiquité. Il n'a point été non plus publié de médailles de cette ville jufqu'à préfent.

AMPHAXIENS.

LIEBE en a rapporté une pareille à celle du n°. 20, qui n'étoit pas bien confervée ; & n'y voyant que ΑΜΦΑΞΙ, il a cru qu'il falloit y lire ΑΝΦΑΞΙΑΤΩΝ. Il y a ΑΜΦΑΞΙΩΝ fur celle-ci, & fur une autre de cette collection. Les peuples auxquels elles appartiennent, habitoient les deux bords du fleuve *Axius*, d'où ils furent appellés *Amphaxiens*, & la contrée qu'ils habitoient *Amphaxitis*. Il n'eft dit dans aucun Auteur ancien qu'il y eut une ville de ce nom.

AMPHIPOLIS.

LA ville d'*Amphipolis* dont les médailles terminent cette planche, avoit auffi pris fon nom de fa fituation fur les bords du fleuve *Strymon* qui couloit au milieu. La premiere de ces médailles, n°. 21, eft un médaillon d'argent dont la forme & la fabrique démontrent l'antiquité. Il n'a point été publié. Quelques-unes des autres médailles l'ont été par Goltzius & par Wilde.

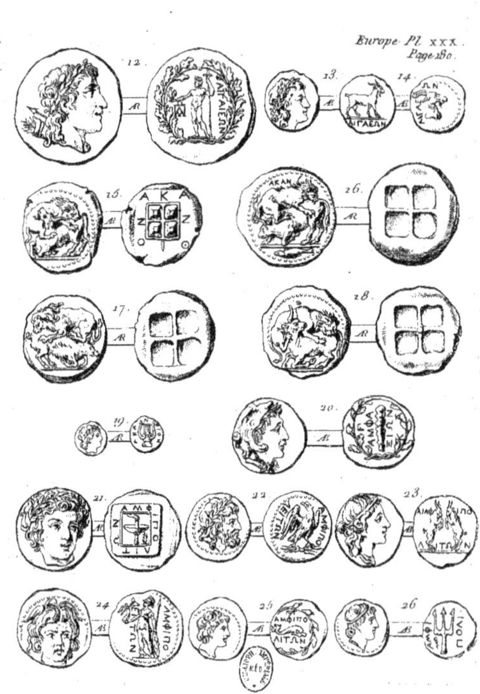

Europe Pl. XXX.
Page 180.

APHYTIS.

HAYM & Arrigoni ont rapporté une médaille semblable à la premiere de la planche XXXI, n°. 27, qui a pour type un aigle avec la légende ΑΦΥΤΑΙ. Cette ville qui étoit située dans la Péninsule appellée *Pallene*, avoit un temple dédié à Jupiter-Ammon, dont la tête est représentée sur l'autre côté de cette médaille. Il y a deux aigles en regard sur la suivante, n°. 28, qui n'a point été publiée.

PLANCHE XXXI.

BERHÉE.

C'EST à la ville de Macédoine communément appellée *Berhée*, qu'on doit référer la médaille n°. 29. Il y avoit en Syrie une ville de même nom ; mais les Auteurs qui ont parlé de l'une & de l'autre, ont écrit différemment, savoir, Βερόη, Βέροια & Βέῤῥοια. On peut voir ce qui est dit sur la légende & sur l'époque de cette médaille dans le nouveau Recueil de médailles de Roys, où elle a été rapportée.

BOTTIÉENS.

ON n'a point de connoissance qu'il en ait été publié aucune des *Bottiéens*, dont le nom est aussi écrit différemment fur les médailles fuivantes, n°. 30, 31, & 32, favoir, ΒΟΤΤΑΙΩΝ, ΒΟΤΤΙΑΙΩΝ & ΒΟΤΤΕΑΤΩΝ. Les Géographes font de fentiments différents fur la contrée que ces peuples habitoient. Les uns les mettent en Macédoine, & les autres en Thrace; mais ces médailles étant entiérement femblables par la matiere, par les types & par la fabrique à celles de *Pella*, elles font connoître que non-feulement la *Bottiée* étoit en Macédoine, mais auffi que la ville de *Pella* étoit fituée dans cette contrée, comme le dit Hérodote.

HÉRACLÉE - Lyncestide.

IL y avoit anciennement plus de trente villes du nom d'Héraclée, & l'on en compte jufqu'à quatre en Macédoine. Les deux médaillons d'argent, n°s. 35 & 36, ici rapportés, ne font point connoître dans laquelle de ces villes ils ont été frappés; le type de la maffue qu'ils contiennent pouvant également convenir aux unes & aux autres. Il y a cependant lieu de juger qu'ils appartiennent à l'Héraclée de la contrée habitée par les *Lynceftes*. Des quatre villes du même nom, c'étoit la plus renommée, & c'étoit auffi la capitale de la contrée appellée *Lyncestide*, du nom

le ces peuples, fuivant Ptolémée. Ces médaillons reffemblent par leur forme & leur fabrique
aux autres médaillons d'argent frappés en Macédoine.

HÉRACLÉE-Sintique.

IL n'y a point de difficulté pour les deux
médailles, nᵒˢ. 33 & 34, qui appartiennent à
l'Héraclée de la contrée appellée *Sintique*. Elles
font fingulieres, tant par rapport à leur légende
ou le nom de la ville & celui de la contrée ne
confiftent que dans les lettres ΗΡ Σ initiales de
Ἡράκλεια Σιντική, que par rapport au nom de magiftrat qu'elles contiennent bien évidemment, ce
qui détruit l'affertion du P. Hardouin, lequel a
avancé qu'on ne voyoit point de nom de magiftrat fur les médailles d'aucune des villes d'Héraclée, excepté fur celle d'Héraclée d'Acarnanie. Au furplus ces deux-ci font de même fabrique que celles de *Bottiée* & de *Pella*.

THESSALONIQUE.

LA plupart des Antiquaires ont parlé des
médailles de Theffalonique qui font fort communes. On en rapporte ici feulement quelques-unes,
nᵒˢ 37, 38, 39, 40, 41, 42, qu'on ne croit

Trois autres S. IV. p. 44.

PLANCHE
XXXI.

PLANCHE
XXXI.

pas avoir été publiées , ou qui méritent le plus d'être obfervées, Celle , n°. 38, qui a pour légende au revers ΚΑΒΕΙΡΙΑ ΠΥΘΙΑ ΦΙ eft de ce nombre. Les lettres ΦΙ défignent les jeux appellés ΦΙΛΑΔΕΛΦΙΑ , inftitués en l'honneur de Caracalla & de Geta , & font en même temps connoître que cette médaille a été frappée fous le regne de Septime-Sévere. La derniere de cette planche où il n'y a que les lettres ΘΕ pour légende, appartient fans doute à la ville de Theffalonique, par rapport au type de l'aigle qui fe voit de même fur la médaille précédente , avec la légende entiere ΘΕΣΣΑΛΟΝΙΚΗΣ.

CASSANDRIE.

PLANCHE
XXXII.

LA premiere de la planche XXXII, n°. 43, eft feule autonome latine que l'on ait vue jufqu'à préfent de la ville de *Caffandrie* qui étoit fituée fur l'ifthme de la péninfule de Pallene. On en connoît d'autres Grecques de cette ville, avant qu'elle fût colonie. Elle s'appelloit anciennement *Potidée.* Le nom de Caffandrie lui fut donné après qu'elle eût été aggrandie ou rétablie par Caffandre, roi de Macédoine.

MENDÉ.

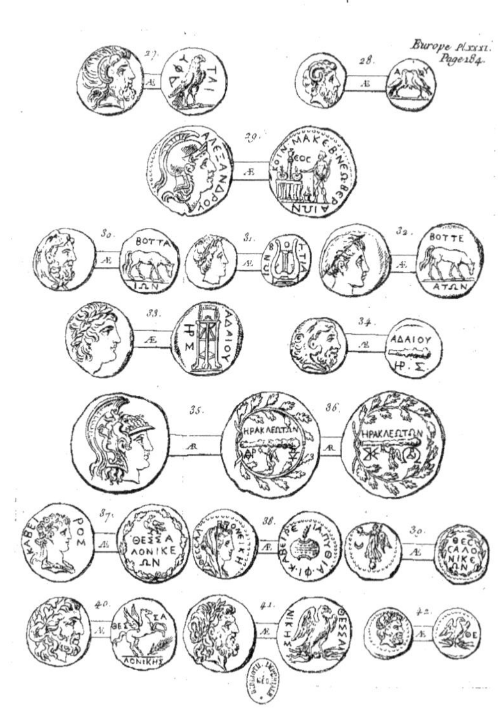

Europe Pl.XXXI.
Page 184.

MENDÉ.

ON ne trouve point que les Antiquaires ayent fait mention d'aucune médaille de la ville de *Menda* ou *Mendé*. Celle qu'on rapporte ici, n°. 44, repréfente Silene ivre couché à la renverfe fur fon âne. Ce type fuffiroit pour faire connoître que le terroir de *Menda* produifoit de bon vin, quand même les anciens Ecrivains n'en auroient pas parlé, comme ils ont fait avec éloge. Cette ville étoit fituée en Thrace, felon les uns. Pline la met en Macédoine, & c'eſt dans la Pallene qu'elle eſt placée par Hérodote.

┼ NEOPALIS.

GOLTZIUS, Paruta, le P. Hardouin & Beger ont attribué à la ville de Naples en Italie, une médaille pareille à peu-près à celles qu'on voit ici, n°ˢ. 45 & 46. Mais outre que les médailles de cette ville font tout-à-fait différentes, celles-ci & pluſieurs autres femblables ont été apportées de Salonique. Elles appartiennent par conféquent à la ville de *Neapolis* de Macédoine. Ce n'eſt point une tête de lion qui eſt au revers de ces médailles, comme Beger l'a cru, c'eſt la tête de Médufe, ou plutôt une efpece de mafque, ou tête fcénique, telle qu'on en voit fur les médailles d'*Abyde* & de *Paros.*

ORTHAGORIA.

HAYM a lu ΟΡΟΑΓΟΡΕΩΝ fur une médaille pareille à celle du nᵒ. 47, mais elle n'étoit pas bien confervée, à en juger par la defcription qu'il en a faite ; & il n'a fu à quelle ville l'attribuer. Celle qui portoit anciennement le nom d'*Orthagoria*, fut enfuite appellée *Stagira*, renommée par la naiffance d'Ariftote. Par conféquent cette médaille eft très-ancienne.

PELLA.

ON a beaucoup de médailles de la ville de *Pella* ; & cependant on n'en connoît qu'une petite en argent, quoique des villes de Macédoine bien moins confidérables en ayent fait frapper plufieurs différentes en ce métal. Il n'en fera ici rapporté que quelques-unes qui n'ont point été publiées.

Celle, nᵒ. 48, qui a pour légende ΠΕΛΛΑΙΩΝ de chaque côté, reffemble entiérement à des médailles qui repréfentent une victoire avec la légende M. ANT. ATT. Γ. ΚΑΙ. ATT. & au revers

une tête de femme qu'on croit être celle d'Oc- ═══════
tavie sœur d'Auguste, & femme de Marc-An- PLANCHE
toine.   XXXII.

Sur la médaille, n°. 51, on lit ΠΕΛΛΑ du côté
de la tête, & ΠΕΛΛΗΣ dans le champ du revers.
Il fembleroit que ΠΕΛΛΑ auroit été mis ainfi fur
cette médaille pour marquer le nom de la femme dont la tête y eft repréfentée : mais fi cela
eft, on ne fait point qui étoit cette femme ; &
l'on ignore pareillement par qui *Pella* avoit d'a-
bord été fondée.

Cette ville étoit devenue après *Edeffe*, la capitale du royaume de Macédoine , & fut la
demeure ordinaire des Rois, depuis que Philippe
pere d'Alexandre le Grand , l'eut aggrandie &
extrêmement fortifiée. Suivant la defcription que
Tite-Live en fait, fes fortifications étoient im-
menfes , & c'étoit la place la plus forte qu'il y
eut alors. Cependant à peine en refte-t-il des   *PYDNA. S.* III. *p. 103.*
veftiges aujourd'hui ; & il eft même douteux
que l'on connoiffe bien l'endroit où elle étoit
fituée.

PYTHIUM.

LA tête de Pallas repréfentée fur la médaille
n°. 53, & fa fabrique, font juger qu'elle eft de la

ville de *Pythium* située en Macédoine , selon Tite-Live & Etienne de Byzance : quelques autres
la placent en Thessalie. Le type que cette médaille contient au revers , ne se voyant sur
aucune autre de Macédoine, elle pourroit par
conséquent appartenir à quelques-unes des autres villes portant le nom de *Pythium.*

PHILIPPI.

LA derniere de cette planche est un médaillon d'argent. Il y a plusieurs médailles de bronze
semblables dans cette collection. Goltzius en a
publié deux de cette derniere espece sur lesquelles il a lu ΦΙΛΙΠΠΟΥ, au lieu de ΦΙΛΙΠΠΩΝ, ce
qui les lui a fait attribuer à Philippe , pere d'A-
lexandre le Grand. Spanheim a lu aussi ΦΙΛΙΠΠΟΥ
sur une semblable médaille , & il l'a attribuée
à Aridée. Il est beaucoup fait mention dans
l'histoire de la ville de *Philippi* qui avoit été
bâtie par le roi Philippe pour servir de barriere
contre les incursions des Thraces. Elle est renommée sur-tout par la bataille qui se donna
tout proche, où l'armée commandée par Bru-
tus & Cassius fut entiérement défaite. Elle fut
faite ensuite colonie , & l'on a beaucoup de
médailles latines Impériales de cette ville.

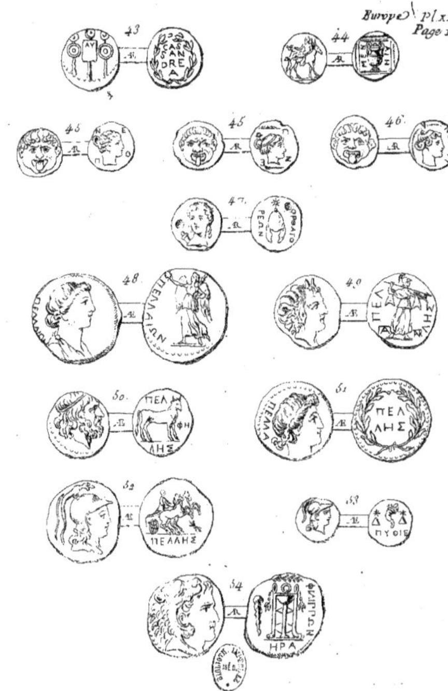

Europe   Pl. XXXII
Page 288

PÆONIE.

N Y S A.

L A premiere médaille de la planche XXXIII
eſt de *Nyſa* en Pæonie. C'eſt, ſelon les apparences, la même ville qu'Etienne de Byzance dit
être ſituée en Thrace. Il eſt à obſerver qu'une
partie de l'ancienne Pæonie s'étendoit dans la
Thrace à l'orient du Strymon ; que cette partie
fut ajoutée à la Macédoine ſous Philippe pere
d'Alexandre le Grand , & qu'elle n'étoit plus
de la Thrace depuis pluſieurs ſiecles , du temps
d'Etienne de Byzance, qui a ſuivi apparemment
l'ancienne diviſion pour les limites de ces différents pays.

Planche
XXXIII.

Euſtathe , ſur le VIᵉ livre de l'Iliade , parle
d'une montagne de Thrace , nommée Νύσα
qu'Homere appelle Νυσήϊον, conſacrée à Bacchus.
Il y avoit dans le même canton la ville de *Nyſa*
qui a fait frapper la préſente médaille avec la
légende ΝΥΣΑ ΕΝ ΠΑΙΩ.

On n'en avoit point encore vu où le nom
de Pæonie fût marqué : on le trouve pareillement ſur la médaille ſuivante.

PANTALIA.

LA ville qui a fait frapper cette feconde médaille, eft appellée *Pantalia* par quelques Auteurs, & *Pautalia* par les autres. Ce dernier nom fe trouve fur toutes les médailles Impériales qui y ont été frappées. Tous les Ecrivains qui en parlent la placent dans la Thrace; mais, comme on vient de l'obferver, la partie de la Pæonie qui avoit été pendant un temps de la Thrace, fut ajoutée à la Macédoine; & c'eft fans doute dans cette contrée qu'étoient les villes de *Nyfa* & de *Pantalia*, lefquelles ont voulu, apparemment pour fe diftinguer, marquer fur leurs monnoies le nom ancien du pays où elles étoient fituées. La légende de la médaille en queftion eft ΠΑΝΤΑΛΕΩ ΕΝ ΠΑΙΩ. Dans le cabinet de Theupolo, il y en a une femblable fur laquelle on a lu ΠΑΝΤΑΛΕΟΝΙΔΙΩ.

THRACE.

ABDERE.

Il paroit par ces médailles, n°s. 3 & fuivantes, que le griffon étoit le fymbole ordinaire de la ville d'Abdere. C'étoit déja celui des Téïens qui l'y porterent en allant s'y établir.

Le médaillon, n°. 3, eſt de la plus haute antiquité, n'ayant aucune légende, & fa fabrique étant groſſiere avec un champ creux au revers.

Celui du n°. 4 contient le nom de la ville avec le nom d'un magiſtrat. Il y en a pluſieurs autres femblables dans cette collection, qui different feulement par les noms de magiſtrats. Si la tête de jeune homme couronnée de laurier qui eſt repréſentée fur le plus grand nombre de ces médaillons & des autres médailles, n'avoit pas les cheveux très-courts, on pourroit la prendre pour celle d'Apollon. Mais il y a toute apparence qu'elle repréſente *Timeſius* de Clazomenes, qui, felon Hérodote, ayant commencé à bâtir Abdere, en fut chaſſé par les Thraces, & fut

HADRIANOPOLIS. S. III. *p.* 102.

Planche XXXIII.

enfuite révéré comme héros ou demi-dieu par les Teïens, habitants de cette ville.

Le médaillon, n°. 6, contient feulement un nom de magiftrat. En vain a-t-on cherché une ville qui s'appellât *Anaxipolis*. C'eft le nom d'un magiftrat qui fe trouve encore fur un autre médaillon qui a un type différent.

La médaille, n°. 7, qui repréfente d'un côté une tête de femme avec la lettre A à droite & la lettre K à gauche, a été publiée par Beger qui l'a attribuée à la ville d'Agrigente en Sicile; mais elle reffemble entiérement à la médaille publiée par Goltzius qui a pour légende ΑΒΔΗ-ΡΑΣ ΚΟΡΑΣ. Ainfi les lettres féparées A & K qu'on voit fur celles-ci, font les initiales des deux mots de cette légende. La tête de femme eft fans doute celle d'*Abdera*, fœur de Diomede, qui avoit fondé la ville portant fon nom.

La médaille, n°. 8, eft la feule de la ville d'*Abdere* qu'on ait vu avec le type des trois épis qu'elle contient. Sa fabrique fait connoître qu'elle eft auffi des plus anciennes.

Celle de bronze, n°. 9, & trois autres femblables qui ne portent que des noms de magiftrats, ont été attribuées à Abdere, à caufe du griffon qui y eft repréfenté d'un côté. Mais elles pourroient

roient appartenir à quelque autre ville tant parce qu'elles ne reſſemblent pas bien à celles d'argent, que parce qu'elles repréſentent de l'autre côté la tête de Mercure qui ne ſe voit ſur aucune autre des médailles d'*Abdere.*

Arrigoni ayant lu ΤΥΑΝ ſur une pareille médaille, il l'a attribuée à la ville de *Tyana* en Cappadoce.

Æ N U S.

LE médaillon d'argent, n°. 10, & pluſieurs autres à peu-près ſemblables qui ſont dans cette collection, paroiſſent fort anciens & fabriqués peu de temps après que l'uſage des monnoies fut introduit en Grece.

Tous les Antiquaires avoient attribué ces ſortes de médailles à la ville d'*Ænus* de Thrace. Le P. Paciaudi qui en a publié une ſemblable à celle du n°. 11, croit qu'elle eſt de la ville d'*Ænia* en Macédoine, & qu'elle repréſente d'un côté la tête d'*Ænée,* & de l'autre côté des ſymboles relatifs aux fêtes de Bacchus.

Le P. Panel & Haym penſent auſſi que la tête couverte d'un bonnet rond, qui ſe voit ſur la plus grande partie de ces médailles, repréſente *Ænée* qui étoit réputé fondateur

AEGOS. FLVMEN. *médaille commune.*

Paruta et d'autres ont attribué à la ville d'Abacænum en Sicile une médaille en argent qui a pour légende d'un côté AINI. et ABAK de l'autre côté, et ſelon les apparences ils ont raiſon.

ALOPE. CONNESVS. *médailles rapportées S. 1. p. 813.*

de la ville d'*Ænus*, ainsi que de celle d'*Ænia*. Beger, de son côté prétend que c'est la tête d'*Ænus*, compagnon d'Ulysse; mais il y a plus d'apparence que c'est celle de Mercure qui étoit en vénération chez les *Æniens*, comme on le voit par plusieurs de leurs médailles, & entr'autres par celles des n°. 12 & 13. Le pétase dont la tête de Mercure est ordinairement couverte, a été figuré de plusieurs façons, tantôt quarré, tantôt rond, avec des bords & sans bords, avec des ailes & sans ailes. Il paroît même qu'ici dans la médaille du n°. 12, sa statue a la tête couverte d'un bonnet rond.

Vaillant n'a rapporté aucune médaille Impériale de cette ville. On en a une d'Hadrien qui a pour légende ΑΕΙΝΙΩΝ ΕΝ ΘΡΑΚΗ, & pour type la Fortune debout avec ses attributs ordinaires.

APOLLONIE.

Il y a dans cette collection sept médailles pareilles à celle du n°. 13, planche XXXIV, qui ne different que par les noms de magistrats qu'elles contiennent. Goltzius en a publié deux à peu-près semblables. Nonnius les attribue à la ville d'Apollonie située sur le Pont-Euxin, appellé aujourd'hui *Mer noire*; le P. Hardouin, à une

PÆONIA

THRACIA

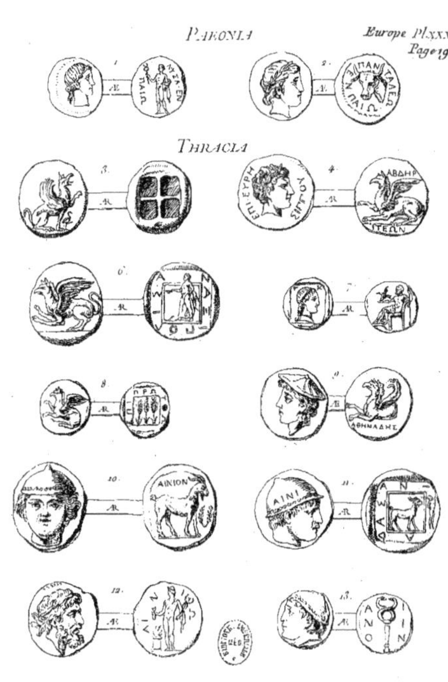

ville de même nom située dans l'Asie mineure; & d'autres à l'Apollonie d'Epire. Ce qui semble devoir décider la question, c'est une médaille de *Julia Domna* que l'on a en moyen bronze, laquelle contient au revers le même type de trois femmes dansantes, avec la légende ΑΠΟΛΛΩΝΙΗΤΕΩΝ ΕΝ ΠΟΝΤΩ. Il y a lieu par conséquent d'adjuger les médailles dont il s'agit à l'Apollonie de Thrace qui étoit sur le bord de la mer. Quelques-uns prétendent qu'elle étoit dans une petite isle près la côte. C'est de cette ville que Lucullus enleva le fameux colosse d'Apollon, qu'il plaça dans le capitole.

A R I S T Æ U M.

ARRIGONI a publié une médaille semblable à celle du n°. 14. La ville qui l'a fait frapper est appellée *Aristæum* par Pline. Elle étoit située sur le mont *Hœmus* ; & vraisemblablement la divinité qu'on y révéroit le plus, étoit le dieu Pan, auquel les Grecs qui habitoient les montagnes rendoient un culte particulier. Cependant la tête représentée sur cette médaille, que l'on prend pour celle de Pan, n'a point de cornes, mais seulement un flocon de cheveux recourbé sur le front.

Bb ij

Vraisemblablement l'apollonie de Thrace étoit une colonie fondée par les apolloniates d'Illirie. Dans ce cas là les médailles d'argent en question doivent avoir été frappés a l'apollonie d'Illirie. il étoit d'usage en ce temps là que les colonies fondées par de grandes villes employoient sur leurs monnoies les simboles des villes qui les avoient fondées, comme on le voit sur toutes les colonies de Corinthe qui ont pour type le Pégase, et sur celles d'Athenes &c.ª

il se peut que ce que l'on prend pour un flocon de cheveux recourbé soit une corne).

Planche
XXXIV.

BISANTHE.

Les deux médailles, nᵒˢ. 15 & 16, font de la ville de *Bifanthe*. On ne trouve point qu'il en ait été publié aucune de cette ville qui étoit fituée fur la Propontide. Elle fut enfuite appellée *Rhædeftus*; c'eft aujourd'hui *Rodofto*.

BYZANCE.

Les médailles autonomes de Byzance font prefque auffi communes que les Impériales frappées dans cette ville. Tous les Antiquaires en ont rapporté. Il y en a cependant ici quelquesunes dont ils n'ont point fait mention. Il en faut excepter celle du nᵒ. 19 : M. Bianchini en a rapporté une pareille. Il paroît que le type de la fuivante, nᵒ. 20, eft une efpece d'hameçon dont on fe fervoit apparemment pour la pêche des Pélamides qui étoit d'un produit confidérable pour la ville de Byzance.

CARDIA.

La Mottraye a rapporté une médaille de la ville de *Cardia* à peu-près femblable à celle du nᵒ. 22. La fuivante, nᵒ. 23, n'a point été publiée, non plus que la petite d'argent, n°. 24 (*), qui n'a point de légende, mais dont le type qui repréfente un cœur en relief, défigne, felon les apparences, la ville de *Cardia*, dont le nom en grec fignifie un cœur. Pline & Solin difent que ce nom lui fut donné, parce que le lieu où elle étoit fituée avoit la figure d'un cœur. Etienne de Byzance rapporte de fon côté qu'elle fut ainfi appellée de ce que pendant un facrifice que faifoit *Hermocharès* en la bâtiffant, le cœur de la victime fut enlevé par un corbeau. Cette ville qui étoit dans l'Ifthme de la Cherfonefe de Thrace, étoit très-confidérable; & Démofthenes la regardoit comme le boulevard de cette Péninfule. Paufanias dit que Lyfimaque l'ayant fait détruire, bâtit tout proche une autre ville, qui de fon nom fut appellée *Lyfimachia.*

LYSIMACHIA.

C'est dans cette derniere ville que les médailles fuivantes ont été frappées. Celle du n°. 25 eft remarquable par la tête de Lyfimaque qui y eft repréfentée avec le diadême, mais bien

(*) M. le Comte de Caylus a fait ufage de cette médaille qui fe trouve dans le Ve volume de fes Antiquités.

moins âgé qu'il ne l'étoit quand il fit bâtir cette ville. Le P. Frœlich en a rapporté une semblable par le type de la victoire à celle du n°. 26 ; mais il a vu ou cru voir de l'autre côté une tête de femme voilée. C'est la tête d'Hercule ou celle de Lysimaque couverte de la dépouille d'un lion qui est sur celle-ci & sur une autre pareille. Les deux médailles suivantes font voir, ainsi que les précédentes, que la ville de *Lysimachia* avoit adopté le symbole de *Cardie* qui étoit le lion.

MARONÉE.

Il a été publié plusieurs médailles de la ville de Maronée par Goltzius & Beger. Elle étoit située près de la Cherfonese : le vin de son terroir avoit anciennement une grande réputation ; aussi voit-on sur la plupart des médailles de cette ville la figure de Bacchus, des seps de vignes & des grappes de raisin. On y élevoit aussi sans doute beaucoup de chevaux, puisqu'elles ont presque toutes le cheval pour type à leurs revers. De toutes les médailles qui font dans cette collection, on rapporte seulement ici les quatre premieres de la planche XXXV, n°s. 29, 30, 31 & 32, qui font différentes de celles qui ont été publiées.

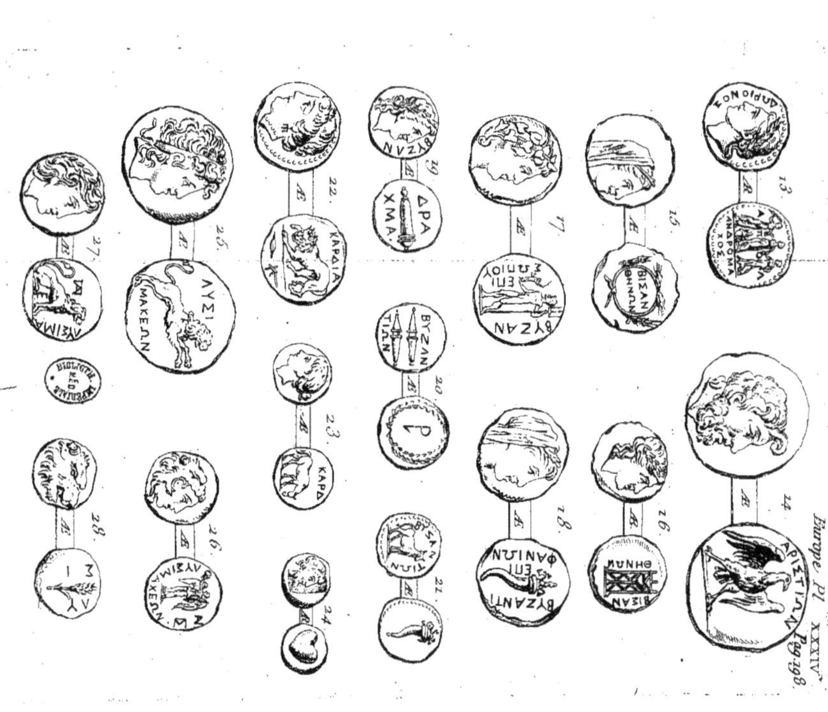

Tome 1. Pl. XXXIV. Pag.398

MÉSAMBRIE.

LES quatre fuivantes, n°. 33, 34, 35 & 36, font de la ville de *Méfambrie*, dont le nom eft écrit Μεσημβεία par Arrien, Strabon & Etienne de Byzance, & *Mefembria*, par Pline. Il n'y a qu'Hérodote qui l'ait écrit Μεσαμβεία, comme il l'eft fur les médailles. Il y en a une dans les cabinets de Theupolo & de Pembrock pareille à celle du n°. 35. Le P. Frœlich en a rapporté auffi une femblable à celle du n°. 34. Les deux autres n'ont point été publiées. La lettre Σ qui fur les deux premieres eft formée finguliérement comme un Τ , pourroit donner lieu de croire que la ville de *Méfambrie* auroit été auffi appellée *Métambrie*. On a quelques médailles Impériales de cette ville qui étoit une colonie des Mégariens. Elle étoit fituée fur le bord de la mer près du mont *Hœmus* : quelques Auteurs l'ont placée dans la Mœfie.

PERINTHE.

LA premiere des médailles de Périnthe ici rapportée, n°. 37, femble confirmer le fentiment de ceux qui prétendent que cette ville très-ancienne avoit été fondée par Hercule.

D'autres difent qu'elle avoit été appellée Périnthe du nom d'un guerrier compagnon d'Orefte. Les Samiens y envoyerent une colonie; & c'eft ce qui donna lieu aux habitants de cette ville de fe dire Ioniens dans la fuite, comme on le voit par cette médaille & par plufieurs autres. Dans les temps poftérieurs elle changea de nom, & prit celui d'Héraclée; mais on ne fait pas précifément quand ce changement arriva. Il paroît feulement qu'elle fut toujours appellée *Périnthe* jufques fous le regne de Gallien, comme le font connoître les médailles de cet Empereur & celles de fes prédéceffeurs. On ne trouve point qu'elle en ait fait frapper aucune avec le nom d'*Héraclée*. C'eft mal-à-propos que l'Auteur du catalogue des Médailles de Richard Méad a prétendu que celle qu'il a décrite avec la légende ΤΟΝ. ΚΤΙΣΤΗΝ. ℞. ΠΕΡΙΝΘΙΩΝ Β. ΝΕΩΚΟΡΩΝ, & les autres citées par Cellarius, étoient de la ville de *Périnthe* en Syrie.

S E S T U S.

LA derniere de cette planche eft de la ville de *Seftus*, dont on ne trouve point qu'aucune autonome ait été publiée. On en connoît feulement quelques-unes Impériales. Cette ville

&

Europe Pl.XXXI.
Page 200.

& celle d'*Abyde* située sur l'Hellespont, vis-à-vis l'une de l'autre, où sont aujourd'hui les Dardanelles, sont renommées, comme l'on sait, par les amours de Hero & de Léandre.

PLANCHE XXXV.

TYLISIVM

M Œ S I E.

ISTRUS ou *ISTROPOLIS.*

LES Antiquaires ont publié des médailles d'argent de la ville d'*Istrus* ou *Istropolis*, pareilles aux trois premieres de cette planche. On n'en avoit point encore vu en or de cette ville qui étoit située près d'une des embouchures du fleuve *Ister*. Ils y ont remarqué, ainsi que sur d'autres médailles de Mœsie, des lettres depuis l'*alpha* jusqu'au *théta*, qu'ils ont jugé être des lettres numérales ; mais on voit sur la seconde ici rapportée un *gamma* joint à un *alpha*. Ces deux lettres liées ensemble en forme de monogramme, ne peuvent être regardées comme numérales, non plus que le *tau* que l'on voit sur la troisieme médaille, le nombre *un* marqué sur quelques-unes par la lettre A, étant

PLANCHE XXXVI.

trop diftant du nombre trois cents marqué fur celle-ci par la lettre T. Ainfi il refte à découvrir ce que ces lettres peuvent fignifier fur les médailles en queftion.

CALLATIA.

GOLTZIUS en a publié deux de la ville de *Callatia* dont il a mal lu les légendes; de forte qu'il a cru, de même que Nonnius fon Commentateur, qu'elles avoient été frappées en Galatie.

Le mot ΚΤΙΣΤΗΣ qui eft autour de la tête d'Hercule dans celle du n°. 5, n'y fignifie pas qu'Hercule avoit fondé la ville de *Callatia*. Il avoit fondé Héraclée du Pont dont *Callatia* étoit une colonie.

MARCIANOPOLIS.

LA ville de *Marcianopolis* qui étoit dans la Mœfie, a fait frapper la médaille du n°. 8. Le P. Frœlich en a publié une à peu-près femblable.

T O M I.

IL en a auffi publié une de la ville de *Tomi*
pareille à celle du n°. 9. Il paroît par la légende TOMOY HPΩOΣ, que cette ville reconnoiſſoit
que ſon Fondateur s'appelloit *Tomus*, & qu'elle
le révéroit comme un héros ou demi-dieu. Mais
il n'en eſt fait mention dans aucun des anciens
Ecrivains, dont quelques-uns donnent une
origine toute différente à la ville de *Tomi*. Au
reſte les autres médailles ici rapportées de cette
ville, différent de celles que Goltzius, Beger
& autres ont publiées.

SARMATIE EUROPÉENE.

O L B I O P O L I S.

IL Y AVOIT pluſieurs villes du nom d'*Olbia* &
Olbiopolis. Les médailles, n°ˢ. 15 & 16, appartiennent à celle qui étoit ſituée à l'embouchure
du Boryſthene; ce qui ſe reconnoît aiſément à
leur fabrique & à leurs types que l'on trouve
ſemblables ſur des médailles d'autres villes

situées sur les bords de la Mer noire, comme *Istrus & Sinope*, lesquelles ont pareillement sur les leurs un aigle ou autre oiseau posé sur un poisson. Quant au type du carquois & de l'arc, on le trouve aussi à peu-près de même sur les médailles de *Callatia*, *Panticapée*, *Phanagoria* & autres.

La derniere médaille, n°. 17, differe des précédentes par le type & par la fabrique. Elle peut par conséquent avoir été frappée dans quelques-unes des autres villes du même nom.

CHERSONESE=TAURIQUE.

CHERSONESUS.

Le P. Panel a rapporté une médaille pareille à la premiere de la planche XXXVII, & il l'a attribuée à la ville de Chersonese en l'isle de Crete; mais elle differe par son type & sa fabrique des médailles que l'on a de cette ville, & des autres de Crete; &, selon toutes les apparences, elle est de la ville de Chersonese située dans la Péninsule Taurique; celles de la ville de *Pan-*

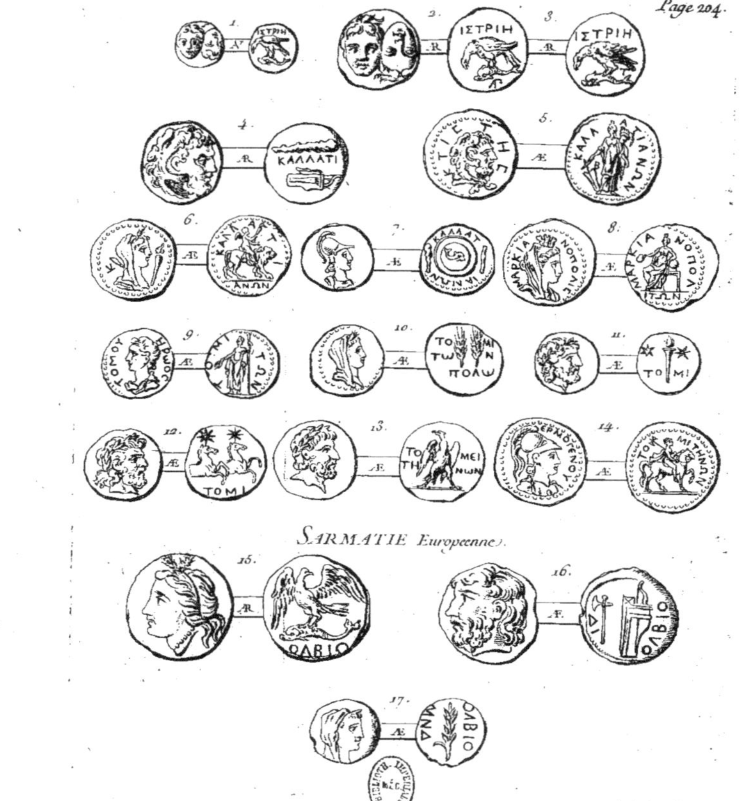
MŒSIE
Europe Pl.LXXVI.
Page 204.
SARMATIE Europeane.

ticapée, située dans la même Péninfule, étant de même fabrique, & ayant pareillement le type du griffon. On fait au furplus que l'on y rendoit un culte particulier à Diane, qui eft repréfentée au revers de cette médaille.

PANTICAPÉE.

ON n'en a encore publié aucune de *Panti-capée*. Triftan en a cependant rapporté une de bronze femblable à peu près à la feconde d'or, qui eft ici repréfentée, n°. 4 ; mais il a cru que la légende ΠAN étoit le nom du dieu Pan, & que c'étoit la tête de ce dieu que l'on voit de l'autre côté. Spanheim & Beger qui ont attribué cette médaille à la ville de Palerme en Sicile, ont penfé, comme Triftan, fur ce qui regarde la tête du revers. Il fe peut bien que les habitants de *Panticapée* faifant allufion à la premiere fyllabe du nom de leur ville, ayent voulu repréfenter le dieu Pan fur leurs monnoies ; & quoiqu'il y foit figuré avec de la barbe, avec une couronne de lierre, & avec une corne qui s'éleve au - deffus de l'oreille, tandis qu'il eft repréfenté la tête nue & fans barbe avec de petites cornes au-deffus du front fur les médailles communes des Arcadiens, fur celles de la ville de *Megalopolis*, fur celles de l'ifle de *Scyros*, & autres, il ne feroit pas extraordinaire qu'on l'eût figuré de la premiere façon à *Panticapée*; les différents peuples ayant donné, comme on l'a déja dit, différentes figures, & différents attributs à leurs dieux, fuivant les idées qu'ils s'en étoient formées.

Il faut obferver que fi la ville de *Panticapée* a fait frapper diverfes monnoies en or, c'eft qu'elle a été très-puiffante. Dans les commencements, elle s'eft contentée d'y mettre la premiere lettre de fon nom, & enfuite la premiere fyllabe : c'eft ce qui fe voit auffi fur fes médailles de bronze, où l'on trouve Π, ΠΑΝ, ΠΑΝΤΙ, & enfin le nom entier ΠΑΝΤΙΚΑΠΑΙΤΩΝ.

Celle, n°. 9, qui repréfente un phare avec un trident & une proue de navire, fait connoître que c'étoit une ville maritime.

Il y a fur les autres médailles de Panticapée des types qui font communs à d'autres villes fituées fur la Mer noire ; favoir, l'arc que l'on voit de même fur les médailles d'*Ol-biopolis* & de *Phanagoria* ; la corne d'abondance entre les bonnets de Diofcures, fur celles d'*A-*

mafie & d'*Amifus*, & le carquois ou le *Parazo-*
nium fur celles de *Gaziura* , *Amifus* , *Laodicée*
& *Chabacta* qui feront rapportées ci-après.

FIN DE LA PREMIERE PARTIE.

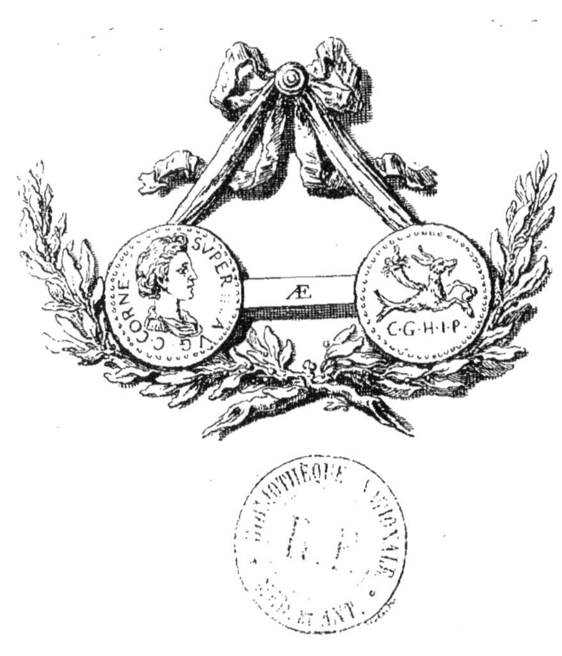

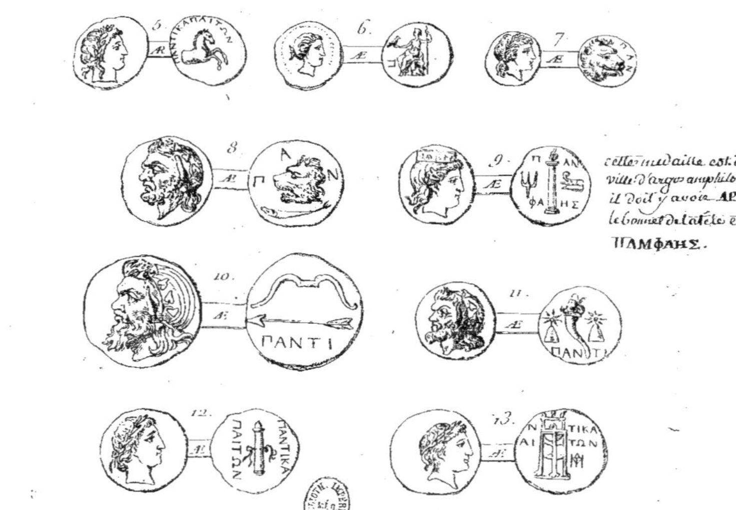

CHERSONESE TAURIQUE
Europe Pl. XXXVII
Page 208.
J. V. Mionnet
Suppt. T. VI. p. 626.
n° 96.
cette medaille est de la
ville d'argos amphilochium.
il doit y avoir ΑΡΓΟΣ sur
le bonnet de la tête et au revers
ΠΑΜΦΑΗΣ.
ΕΥΔΡΟΜΟ
ΧΕΡ
ΧΕΡ
ΠΑΝΤΙΚΑΠΑΙΤΩΝ
ΠΑΝΤΙ
ΦΑΗΣ
ΠΑΝΤΙ
ΠΑΝΤΙΚΑΠΑΙΤΩΝ
ΠΑΝΤΙΚΑΠΑΙΤΩΝ

ADDITIONS ET CORRECTIONS
DU TOME PREMIER.

PAGE 4, *ligne 2*, un médaille ; *lifez :* une médaille.

Page 19, *lig.* 4, la légende ; *ajoutez :* de la médaille.

— *Ibidem* , *lig.* 20 , il n'avoit point été ; *lifez :* il n'avoit été.

Page 20, *lig.* 6, *Aulerci-Diablintes* ; *Nota.* On trouvera dans le Supplément, (Tom. III, pag. 182), une médaille des *Diablintes.*

Page 25, *lig.* 24, qui en marquoit ; *lifez :* qui en marquoient.

Page 32, *lig. pénultieme* ; L I T A. *Nota.* Sur une autre médaille rapportée (Tom. III, pag. 180), la légende eft L I T A N ; ce qui donne lieu d'attribuer ces médailles à *Litanobriga.*

Page 41 , *lig.* 19 , KAΛ ; *lifez :* XAΛ.

Page 50, *lig.* 7, habitant ; *lifez :* habitants.

Page 54, *ligne derniere* , eftoit ; *lifez :* fut.

Page 62, *lig.* 21 , de cette ville ; *ajoutez :* L'antiquité de la médaille en queftion n'eft pas douteufe , mais elle n'eft pas affez bien confervée pour qu'on puiffe affurer que la légende & le type foient abfolument tels qu'on les voit dans le deffein. Le type qui paroît être un fruit , pourroit bien être un vafe ; & quoiqu'on life bien ΣΙΓΟΝΤ dans la légende, peut-être eft-ce le nom d'une autre ville.

Page 63, *lig.* 5, A R B O X Y M , *lifez :* A R B O Y M.

Page 66, *lig.* 2, leur avoient ; *lifez :* lui avoient.

Page 75, *lig.* 21, au nom ; *lifez :* aux noms.

Page 80, *lig.* 12, à la gauche ; *lifez :* à gauche.

Page 82, *lig.* 23 , les deffeins ; *lifez :* le deffein.

Page 86, ligne premiere, *Aenianas* ; lifez : *Aenianes.*

Page 108, *ligne premiere* , lés ; *lifez :* lées.

Page 119, *lig.* 11, marque des victoires ; *lifez :* marque de victoires.

Page 122, *lig.* 15 & 16, aucune des autonomes qui ayent ; *lifez :* aucune autonome qui ait.

Page 128, *lig.* 2, autres des lieux ; *lifez :* autres de lieux.

Page 129, *lig.* 15, noms des Magiftrats ; *lifez :* noms de Magiftrats.

Page 181, *lig.* 16, ont écrit ; *lifez :* l'ont écrit.

Page 184, *lig.* 15 & 16, eft feule ; *lifez* eft la feule.

Page 185, *lig.* 13 , N E O P A L I S ; *lifez :* N E A P O L I S.

Page 191 , *lig.* 3, ces médailles n°. 3, & fuivantes ; *lifez :* les médailles n°s. 3 , 4 , 5 & 7.

Page 198 , *lig.* 15 , près la Cherfonefe ; *lifez :* près de la Cherfonefe.

Page 199, *lig.* 18 , près le mont ; *lifez :* près du mont.

Tome I.   *

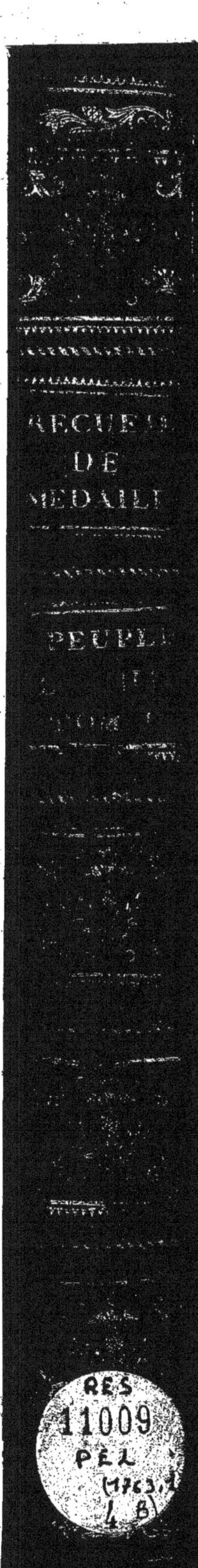
RECUEIL
DE
MEDAILL
PEUPLE
TOM